Moses Mendelssohn

Phädon

Unsterblichkeit der Seele

Moses Mendelssohn

Phädon
Unsterblichkeit der Seele

ISBN/EAN: 9783743366596

Hergestellt in Europa, USA, Kanada, Australien, Japan

Cover: Foto ©Thomas Meinert / pixelio.de

Manufactured and distributed by brebook publishing software (www.brebook.com)

Moses Mendelssohn

Phädon

Phädon

oder

über die

Unsterblichkeit der Seele,

in drey Gesprächen.

von

Moses Mendelssohn.

Vermehrte und verbesserte Auflage.

Frankfurt und Leipzig,
1768.

Vorrede.

Folgende Gespräche des Sokrates mit seinen Freunden, über die Unsterblichkeit der Seele, sollten meinem Freunde Abbt gewiedmet werden. Er war es, der mich aufgemuntert hatte, diese vor einigen Jahren angefangene und weggelegte Arbeit wieder vorzunehmen. Als er noch zu Rinteln Professor war, gab er mir, in einem von seinen freundschaftlichen Briefen, seine Gedanken über Spaldings Bestimmung des Menschen zu erkennen. Aus unserm Briefwechsel über diese Materie sind die kleinen Aufsätze genommen, die in dem neunzehnten Theil der Litteraturbriefe, unter dem Titel: Zweifel und Orakul die Bestimmung des Menschen betreffend, vorkommen. Ich hatte das Vergnügen, über einige der wichtigsten Punkte meines Freundes Einstimmung zu erhalten, ob ich ihm gleich nicht in allem Genüge leisten konnte.

Vorrede.

Mit der Offenherzigkeit eines wahren Freundes, goß er die geheimsten Empfindungen seiner Seele, sein ganzes Herz in meinen Busen aus. Seine philosophischen Betrachtungen erhielten durch die sanften Empfindungen des guten Herzens einen eignen Schwung, ein reges Feuer, wodurch sie die Liebe zur Wahrheit in der kältesten Brust würden entzündet haben, und seine Zweifel selbst unterließen niemals neue Aussichten zu entdecken, und die Wahrheit von einer noch unbemerkten Seite zu zeigen. Unserer Abrede gemäß, sollte ich folgende Gespräche ausarbeiten, und darinn die vornehmsten Lehrsätze, worinn wir übereinkamen, auseinandersetzen; und diese sollten in der Folge zur Grundlage unseres Briefwechsels dienen.

Allein es hat der Vorsehung gefallen, dieses aufblühende Genie vor der Zeit der Erde zu entziehen. Kurz und rühmlich war die Laufbahn, die er hienieden vollendet hat. Sein

Vorrede.

Sein Werk **vom Verdienſt** wird den Deutſchen ein unvergeßliches Denkmaal ſeiner eigenen Verdienſte bleiben: mit ſeinen Jahren verglichen, verdienet dieſes Werk die Bewunderung der Nachkommenſchaft. Was für Früchte konnte man nicht von einem Baume hoffen, deſſen Blüthe ſo vortreflich war. Er hatte noch andere Werke unter der Feder, die an Vollkommenheit, wie er an Erfahrenheit und Kräften des Geiſtes, zugenommen haben würden. Alle dieſe ſchönen Hoffnungen ſind dahin! Deutſchland verliert an ihm einen treflichen Schriftſteller, die Menſchlichkeit einen liebreichen Weiſen, deſſen Gefühl ſo edel, als ſein Verſtand, aufgeheitert war; ſeine Freunde den zärtlichſten Freund, und ich einen Gefährten auf dem Wege zur Wahrheit, der mich vor Fehltritten warnete. —

Nach dem Beyſpiel des Plato habe ich den Sokrates in ſeinen letzten Stunden die Grün-

Vorrede.

Gründe für die Unsterblichkeit der menschlichen Seele seinen Schülern vortragen lassen. Das Gespräch des griechischen Schriftstellers, das den Namen Phädon führet, hat eine Menge ungemeiner Schönheiten, die, zum Besten der Lehre von der Unsterblichkeit, genutzt zu werden verdienten. Ich habe mir die Einkleidung, Anordnung, und Beredtsamkeit desselben zu Nutze gemacht, und nur die metaphysischen Beweisthümer nach dem Geschmacke unserer Zeiten einzurichten gesucht. In dem ersten Gespräche konnte ich mich etwas näher an mein Muster halten. Verschiedene Beweisgründe desselben schienen nur einer geringen Veränderung des Zuschnitts, und andere einer Entwickelung aus ihren ersten Gründen zu bedürfen, um die Ueberzeugungskraft zu erlangen, die ein neuerer Leser in dem Gespräche des Plato vermisset. Die lange und heftige Deklamation wider den menschlichen Körper und seine Bedürf-

Vorrede.

dürfnisse *), die Plato mehr in dem Geiste des Pythagoras, als seines Lehrers geschrieben zu haben scheinet, mußte, nach unsern bessern Begriffen von dem Werthe dieses göttlichen Geschöpfes, sehr gemildert werden; und dennoch wird sie den Ohren manches jetzigen Lesers fremde klingen. Ich gestehe es, daß ich, blos der siegenden Beredtsamkeit des Plato zu gefallen, diese Stelle beybehalten habe.

In der Folge sahe ich mich schon genöthiget, meinen Führer zu verlassen. Seine Beweise für die Immaterialität der Seele scheinen, uns wenigstens, so seichte und grillenhaft; daß sie kaum eine ernsthafte Widerlegung verdienen. Ob dieses von unserer bessern Einsicht in die Weltweisheit, oder von unserer schlechten Einsicht in die philosophische Sprache der Alten herrühret, vermag ich nicht zu entscheiden. Ich habe in dem

*) S. 91. u. f.

Vorrede.

zweyten Gespräche einen Beweis für die Immaterialität der Seele gewählet, den die Schüler des Plato gegeben, und einige neuere Weltweisen von ihnen angenommen. Er schien mir nicht nur überzeugend, sondern auch am bequemsten, nach der Sokratischen Methode vorgetragen zu werden.

In dem dritten Gespräche mußte ich völlig zu den Neuern meine Zuflucht nehmen, und meinen Sokrates fast wie einen Weltweisen aus dem siebenzehnten oder achtzehnten Jahrhunderte sprechen lassen. Ich wollte lieber einen Anachronismus begehen, als Gründe auslassen, die zur Ueberzeugung etwas beytragen können.

Auf solche Weise ist folgendes Mittelding zwischen einer Uebersetzung und eigenen Ausarbeitung entstanden. Ob ich auch etwas Neues habe, oder nur das so oft gesagte anders vorbringe, mögen andere entscheiden. Es ist schwer, in einer Materie, über welche

Vorrede.

so viel große Köpfe nachgedacht haben, durchgehends neu zu seyn, und es ist lächerlich, Neuheit affektiren zu wollen. Wenn ich hätte Schriftsteller anführen mögen, so wären die Namen **Plotinus, Cartes, Leibnitz, Wolf, Baumgarten, Reimarus** u. a. oft vorgekommen. Vielleicht wäre dem Leser auch alsdann deutlicher in die Augen gefallen, was ich von dem Meinigen hinzugethan habe. Allein dem bloßen Liebhaber ist es einerley, ob er einen Beweisgrund diesem oder jenem zu verdanken hat; und der Gelehrte weiß das Mein und Dein in so wichtigen Materien doch wohl zu unterscheiden. Ich bitte gleichwohl meine Leser, auf die Gründe, die ich von der Harmonie der moralischen Wahrheiten, und insbesondere *) von dem System unserer Rechte und Obliegenheiten herhole, aufmerksam zu seyn. Ich erinnere mich nicht, sie bey irgend einem Schriftsteller

---

*) S. 192. u. f.

Vorrede.

steller gelesen zu haben, und sie scheinen mir für denjenigen, der in die Grundsätze einstimmet, vollkommen überzeugend zu seyn. Die Art des Vortrags hat mich genöthiget, sie als bloße Ueberredungsgründe anzubringen: ich halte sie aber für fähig, nach der Schärfe der strengsten Logik ausgeführet zu werden.

Den Charakter des Sokrates, habe ich für dienlich erachtet, voraus zu schicken, um bey meinen Lesern das Andenken des Weltweisen aufzufrischen, der in den Gesprächen die Hauptperson ausmachet. Coopers Life of Socrates *) hat mir dabey zum Leitfaden gedienet; jedoch sind auch die Quellen zu Rathe gezogen worden.

*) London 1750.

Leben
und
Charakt
des
Sokrates.

Charakter des Sokrates.

Sokrates, Sohn des Bildhauers Sophroniskus und der Hebamme Phänareta, der weiseste und tugendhafteste unter den Griechen, ward in dem vierten Jahre der sieben und siebzigsten Olympiade, zu Athen, in der alopecischen Zunft daselbst geboren. Der Vater hielt ihn in seiner Jugend zur Bildhauerkunst an, in welcher er keine geringen Progressen gemacht haben muß, wenn die bekleideten Grazien, die auf der Mauer zu Athen hinter der Bildsäule der Minerva standen, wie verschiedene versichern, von seiner Arbeit gewesen. Zeiten, in welchen ein Phidias, Zeuxis und Myron lebten, können keiner mittelmäßigen Arbeit eine so wichtige Stelle eingeräumt haben.

Etwa in seinem dreyßigsten Jahre, als sein Vater längst todt war, und er, ohne sonderliche Neigung, aber aus Noth, die Bildhauerkunst noch immer trieb, lernte ihn Krito, ein vornehmer Athenienser, kennen, bemerkte seine erhabenen Talente, und urtheilte, daß er dem menschlichen Geschlechte durch sein Nachdenken weit nützlicher werden könnte, als durch seine Handarbeit. Er nahm ihn aus der Schule der Kunst, und brachte ihn zu den Weisen der damaligen Zeit, um ihn Schönheiten einer höhern

hern Ordnung zur Betrachtung und Nachahmung vorhalten zu lassen. Lehret die Kunst, das Leben im Leblosen nachzuahmen, den Stein dem Menschen ähnlich zu machen; so suchet die Weisheit hingegen, das Unendliche im Endlichen nachzuahmen, die Seele des Menschen jener ursprünglichen Schönheit und Vollkommenheit so nahe zu bringen, als es in diesem Leben möglich ist. Sokrates genoß den Unterricht und den Umgang der berühmtesten Leute in allen Wissenschaften und Künsten, von welchen seine Schüler den Archelaus, Anaxagoras, Prodikus, Evenus, Ifimachus, Theodorus und andere nennen.

Krito versahe ihn mit den Nothwendigkeiten des Lebens, und Sokrates legte sich anfangs mit vielem Fleiße auf die Naturlehre, die zur damahligen Zeit sehr im Schwange war. Er merkte aber gar bald, daß es Zeit sey, die Weisheit von Betrachtung der Natur auf die Betrachtung des Menschen zurückzuführen. Dieses ist der Weg, den die Weltweisheit allezeit nehmen sollte. Sie muß mit Untersuchung der äusserlichen Gegenstände anfangen, aber bey jedem Schritte, den sie thut, einen Blick auf den Menschen zurückwerfen, auf dessen wahre Glückseligkeit alle ihre Bemühungen abzielen sollten. Wenn die Bewegung der Planeten, die Beschaffenheit der himmlischen Körper, die Natur der Elemente u. s. w.

nicht

nicht wenigstens mittelbar einen Einfluß in unsre Glückseligkeit haben: so ist der Mensch gar nicht bestimmt, sie zu untersuchen. Sokrates war der erste, wie Cicero sagt, der die Philosophie vom Himmel herunter gerufen, in die Städte eingesetzt, in die Wohnungen der Menschen geführet, und über ihr Thun und Lassen Betrachtungen anzustellen genöthiget hat. Indessen gieng er, wie überhaupt die Neuerungsstifter zu thun pflegen, auf der andern Seite etwas zu weit, und sprach zuweilen von den erhabensten Wissenschaften, mit einer Art von Geringschätzung, die dem weisen Beurtheiler der Dinge nicht geziemet.

Damals stand in Griechenland, wie zu allen Zeiten bey dem Pöbel, die Art von Gelehrten in großem Ansehen, die sich angelegen seyn lassen, eingewurzelte Vorurtheile und verjährten Aberglauben durch allerhand Scheingründe und Spitzfindigkeiten zu begünstigen. Sie gaben sich den Ehrennahmen Sophisten*), den ihre Aufführung in einen Ekelnamen verwandelte. Sie besorgten die Erziehung der Jugend, und unterrichteten auf öffentlichen Schulen sowohl, als in Privathäusern, in Künsten, Wissenschaften, Sittenlehre und Religion, mit allgemeinem

---

*) Der ursprünglichen Bedeutung nach, Weisheitslehrer.

nem Beyfalle. Sie wußten, daß in demokratischen Regierungsverfassungen die Beredsamkeit über alles geschätzt wird, daß ein freyer Mann gerne von Politik schwatzen höret, und daß die Wissensbegierde schaaler Köpfe am liebsten durch Mährchen befriediget seyn will: daher unterließen sie niemals, in ihrem Vortrage gleißende Beredsamkeit, falsche Politik und ungereimte Fabeln so künstlich durcheinander zu flechten, daß das Volk sie mit Verwunderung anhörte und mit Verschwendung belohnte. Mit der Priesterschaft standen sie in gutem Vernehmen; denn sie hatten beiderseits die weise Maxime: leben und leben lassen. Wenn die Tyranney der Heuchler den freyen Geist der Menschen nicht länger unter dem Joche halten konnte: so waren jene Scheinfreunde der Wahrheit bestellt, ihn auf falsche Wege zu verleiten, die natürlichen Begriffe durcheinander zu werfen, und allen Unterschied zwischen Wahrheit und Irrthum, Recht und Unrecht, Gutem und Bösem, durch blendende Trugschlüsse aufzuheben. In der Theorie war ihr Hauptgrundsatz: Mann kann alles beweisen und alles widerlegen, und in der Ausübung: Man muß von der Thorheit anderer, und seiner eigenen Ueberlegenheit, so viel Vortheil ziehen, als man nur kann. Diese letztere Maxime hielten sie zwar, wie leicht zu erachten, vor dem Volke geheim, und vertrauten dieselbe nur ihren Lieblingen, die an ihrem Gewerbe Theil nehmen soll sollten; allein die Moral, die sie öffentlich lehrten, war nichts destoweniger für das Herz der Menschen eben so verderblich, als ihre Politik für die Rechte, Freyheit und Glückseligkeit des menschlichen Geschlechts.

Da sie listig genug waren, das herrschende Religionssystem mit ihrem Interesse zu verwickeln; so gehörte nicht nur Entschlossenheit und Heldenmuth dazu, ihren Betrügereyen Einhalt zu thun, sondern ein wahrer Tugendfreund durfte es ohne die behutsamste Vorsichtigkeit nicht wagen. Es ist kein Religionssystem so verderbt, das nicht wenigstens einigen Pflichten der Menschheit eine gewisse Heiligung giebt, die der Menschenfreund verehren, und der Sittenverbesserer, wenn er nicht seiner eigenen Absicht zuwider handeln will, unangetastet lassen muß. Von Zweifel in Religionssachen zur Leichtsinnigkeit, von Vernachläßigung des äußerlichen Gottesdienstes zur Geringschätzung alles Gottesdienstes überhaupt, pflegt der Uebergang sehr leicht zu seyn, besonders für Gemüther, die nicht unter der Herrschaft der Vernunft stehen, sondern von Geiz, Ehrsucht oder Wollust regieret werden. Die Priester des Aberglaubens verlassen sich nur allzusehr auf diesen Hinterhalt, und nehmen zu demselben, wie zu einem unverletzlichen Heiligthum, ihre Zuflucht, so oft ein Angriff auf sie geschiehet.

Solche Schwierigkeiten und Hindernisse standen dem Sokrates im Wege, als er den großen Entschluß faßte, Tugend und Weisheit unter seinen Nebenmenschen zu verbreiten. Er hatte, von der einen Seite, seine eignen Vorurtheile der Erziehung zu besiegen, die Unwissenheit anderer zu beleuchten, Sophisterey zu bestreiten, Bosheit, Neid, Verleumdung und Beschimpfung von Seiten seiner Gegner auszuhalten, Armuth zu ertragen, festgesetzte Macht zu bekämpfen, und, was das schwerste war, die finstern Schrecknisse des Aberglaubens zu vereiteln. Von der andern Seite waren die schwachen Gemüther seiner Mitbürger zu schonen, Aergernisse zu vermeiden, und der gute Einfluß, den selbst die albernste Religion auf die Sitten der Einfältigen hat, nicht zu verscherzen. Alle diese Schwierigkeiten überstand er mit der Weisheit eines wahren Philosophen, mit der Geduld eines Heiligen, mit der uneigennützigen Tugend eines Menschenfreundes, mit der Entschlossenheit eines Helden, auf Unkosten und mit Verlust aller weltlichen Güter und Vergnügungen. Gesundheit, Macht, Bequemlichkeit, Leumund, Ruhe und zuletzt das Leben selbst, gab er auf die liebreichste Weise für das Wohl seiner Nebenmenschen hin. So mächtig wirkte in ihm die Liebe zur Tugend und Rechtschaffenheit, und die Unverletzlichkeit der Pflichten gegen den Schöpfer und Erhalter der Dinge, den er durch das unverfälschte Licht der Vernunft auf eine lebendige Art erkannte.

Diese

Diese höheren Aussichten des Weltbürgers hielten ihn indessen nicht ab, die gemeineren Pflichten gegen sein Vaterland zu erfüllen. In seinem sechs und dreyßigsten Jahre that er Kriegsdienste wider die Potidäer, die Einwohner einer Stadt in Thrazien, die sich wider ihre Tributherren, die Athenienser, empört hatten. Allhier versäumete er die Gelegenheit nicht, seinen Körper wider alle Beschwerlichkeiten des Kriegs und Rauhigkeit der Jahreszeit abzuhärten, und seine Seele in Unerschrockenheit und Verachtung der Gefahr zu üben. Er trug, durch die allgemeine Einstimmung seiner Mitwerber selbst, den Preis der Tapferkeit davon, überließ aber denselben dem Alcibiades, den er liebte, und hiedurch aufmuntern wollte, solche Ehrenbezeigungen von seinem Vaterlande künftighin durch eigene Thaten zu verdienen. Kurz vorher hatte er ihm in einem Gefechte das Leben gerettet. — Man belagerte die Stadt Potidäa in der strengsten Kälte. Andere verwahrten sich wider den Frost, er blieb bey seiner gewöhnlichen Kleidung, und gieng mit bloßen Füßen über das Eis. Die Pest wütete in dem Lager und in Athen selbst. Es ist fast nicht zu glauben, was Diogenes Laertius und Aelian versichern: Sokrates soll der einzige gewesen seyn, den sie gar nicht angegriffen. Ohne aus diesem Umstande, der allenfalls ein bloßer Zufall hat seyn können *),

etwas

*) Die Arzeneyverständigen wollen aus der Erfahrung wis-

etwas zu schließen, kann man überhaupt mit Zuverläßigkeit sagen, daß er von einer starken und dauerhaften Leibesbeschaffenheit gewesen, und solche durch Mäßigkeit, Uebung und Entfernung von aller Weichlichkeit so zu erhalten gewußt hat, daß er wider alle Zufälle und Beschwerlichkeit des Lebens abgehärtet war. Gleichwohl hat er auch im Felde nicht unterlassen, seine Seelenkräfte nicht nur zu üben, sondern äußerst anzustrengen. Man sah ihn zuweilen vier und zwanzig Stunden auf eben der Stelle, mit unverwandten Blicken, in Gedanken vertieft stehen, als wenn der Geist von seinem Körper abwesend wäre, sagt Aulus Gellius. Man kann nicht läugnen, daß diese Entzückungen eine, wenigstens entfernte, Anlage zur Schwärmerey gewesen, und man findet in seinem Leben mehrere Spuren, daß er nicht völlig davon befreyet geblieben. Indessen war es eine unschädliche Schwärmerey, die weder Hochmuth noch Menschenhaß zum Grunde hatte, und die in der Verfassung, in welcher er sich befand, ihm sehr nützlich gewesen seyn mag. Die gemeinen Kräfte der Natur reichen vielleicht nicht hin, den Menschen zu so großen Gedanken und standhaften Entschließungen zu erheben.

Nach

wissen, daß die Pest die stärkste Leibesbeschaffenheit gerade am wenigsten verschone.

Nach geendigtem Feldzuge kehrte er in seine Vaterstadt zurück, und fieng an mit Nachdruck Sophisterey und Aberglauben zu bekämpfen, und seine Mitbürger in Tugend und Weisheit zu unterrichten. Auf öffentlichen Straßen, Spaziergängen, in Bädern, Privathäusern, Werkstätten der Künstler, wo er nur Menschen fand, die er bessern zu können glaubte, da hielt er sie an, ließ sich mit ihnen in Gespräche ein *), erklärte ihnen, was recht und unrecht, gut und böse, heilig und unheilig sey; unterhielt sie von der Vorsehung und Regierung Gottes, von den Mitteln ihm zu gefallen, von der Glückseligkeit des Menschen, von den Pflichten eines Bürgers, eines Hausvaters, eines

---

*) Mit dem Xenophon ward er auf folgende Weise bekannt. Er begegnete ihm in einem engen Durchgange. Der schöne und bescheidene Anstand des iungen Menschen gefiel ihm so wohl, daß er ihm den Stock vorhielt, und ihn nicht weiter gehen lassen wollte. Jüngling! sprach er, weißt du, wo die Bedürfnisse des Lebens zu bekommen sind? — O ja! antwortete Xenophon. — Weißt du aber auch, wo Tugend und Rechtschaffenheit zu erhalten ist? — Der iunge Mensch stutzte und sah ihn an? — So folge mir, fuhr Sokrates fort, ich will es dir zeigen. Er folgte ihm, ward sein treuster Schüler, und man weiß, wie viel er ihm zu verdanken gehabt

nes Ehemanns u. s. w. Alles dieses niemals in dem
aufdringenden Ton eines Lehrers, sondern als ein
Freund, der die Wahrheit selbst erst mit uns suchen
will. Er wußte es aber durch die einfältigsten Kin-
derfragen so einzuleiten, daß man von Frage zu Frage,
ohne sonderliche Anstrengung, ihm folgen konnte, ganz
unvermerkt aber sich am Ziele sah, und die Wahrheit nicht gelernet, sondern selbst erfunden zu haben
glaubte. Ich ahme hierinn meiner Mutter nach, pflegte er im Scherze zu sagen: Sie gebieret selbst nicht
mehr, aber sie besitzet Kunstgriffe, wodurch sie andern ihre Geburten zur Welt bringen hilft. Auf eine
ähnliche Weise versehe ich bey meinen Freunden das
Amt eines Geburtshelfers. Ich frage und forsche so
lange, bis die verborgene Frucht ihres Verstandes ans
Licht kömmt.

Diese Methode, die Wahrheit zu erfragen, war
auch die glücklichste, die Sophisten zu widerlegen.
Wenn es zu einem ausführlichen Vortrage kam, so
war ihnen nicht beyzukommen. Denn da standen ihnen so viel Ausschweifungen, so viel Mährchen, so viel
Scheingründe, und so viel rednerische Figuren zu Ge-
bote, daß die Zuhörer verblendet wurden, und überzeugt zu seyn glaubten. Ein allgemeines Händeklat-
schen pflegte ihnen selten zu entstehen. Und man stelle
sich den triumphirenden Blick vor, mit welchem solche Lehrer alsdann auf ihre Schüler, oder wohl
gar

gar Widersacher, herabsahen. Was that Sokrates bey einer solchen Gelegenheit? Er klatschte mit; wagte aber einige gar leichte, von der Sache etwas entfernte Fragen, die der hochgelehrte Mann für albern hielt, und aus Mitleiden beantwortete. Nach und nach schlich er sich der Sache näher, immer mit Fragen, und immer indem er seinem Gegner die Gelegenheit abschnitt, in anhaltende Reden auszuschweifen. Dadurch wurden sie genöthigt, die Begriffe deutlich auseinander zu setzen, richtige Erklärungen gelten, und aus ihren falschen Voraussetzungen ungereimte Folgen ziehen zu lassen. Zuletzt sahen sie sich so in die Enge getrieben, daß sie ungeduldig wurden. Er aber ward es niemals, sondern ertrug ihre Unart selbst mit der größten Gelassenheit, fuhr fort die Begriffe zu entwickeln, bis endlich die Ungereimtheiten, die aus den Grundsätzen der Sophisten folgten, dem einfältigsten Zuhörer handgreiflich wurden. Auf solche Weise wurden sie ihren eignen Schülern zum Gelächter.

In Ansehung der Religion scheint er folgende Maxime vor Augen gehabt zu haben. Jede falsche Lehre oder Meynung, die offenbar zur Unsittlichkeit führet, und also der Glückseligkeit des menschlichen Geschlechts entgegen ist, wurde von ihm auf keinerley Weise verschont, sondern öffentlich, im Beyseyn der Heuchler, Sophisten und des gemeinen Volks, bestritten, lächerlich gemacht, und in ihren ungereimten

ten und abscheulichen Folgen gezeigt. Von dieser Art waren die Lehren der Fabeldichter von den Schwachheiten, Ungerechtigkeiten, schändlichen Begierden und Leidenschaften, die sie ihren Göttern zuschrieben. Ueber dergleichen Sätze, so wie über unrichtige Begriffe von der Vorsehung und Regierung Gottes, auch über die Belohnung des Guten und die Bestrafung des Bösen, war er niemals zurückhaltend, niemals, selbst zum Scheine nicht, zweifelhaft; sondern allezeit entschlossen, die Sache der Wahrheit mit der größten Unerschrockenheit zu verfechten, und, wie der Erfolg gezeigt, sein Bekentniß mit dem Tode zu versiegeln. Eine Lehre aber, die bloß theoretisch falsch, und den Sitten so großen Schaden nicht bringen konnte, als von einer Neuerung zu befürchten war, ließ er unangefochten, bekannte sich vielmehr öffentlich zu der herrschenden Meynung, beobachtete die darauf gegründeten Ceremonien und Religionsgebräuche, vermied hingegen alle Gelegenheit zu einer entschridenden Erklärung; und wann ihr nicht auszuweichen war, so hatte er eine Zuflucht in Bereitschaft, die ihm niemals entstehen konnte: er schützte seine Unwissenheit vor.

Hierunter begünstigte ihn vorzüglich die Methode zu lehren, die er, wie wir gesehen, aus andern Absichten gewählt hatte. Denn da er seine Lehren niemals mit dem Hochmuthe eines alleswissenden Mannes ankündigte, da er vielmehr nichts selbst behauptete, te, sondern allezeit die Wahrheit durch Fragen von seinen Zuhörern herauszulocken suchte: so war ihm erlaubt, das nicht zu wissen, was er nicht wissen konnte, oder durfte. Die Eitelkeit, auf alle Fragen eine Antwort zu wissen, hat so manchen großen Geist verführt, Dinge zu behaupten, die er in dem Munde eines andern getadelt haben würde. Sokrates war von dieser Eitelkeit weit entfernt. Von Dingen, die über seinen Horizont waren, gestand er mit der naivesten Freymüthigkeit: Dieses weiß ich nicht; und wann er merkte, daß ihm Fallen gelegt wurden, und gewisse Geständnisse abgelockt werden wollten, so zog er sich aus dem Spiele, und sagte: Nichts weiß ich! Das Orakel zu Delphi erklärte ihn, vermuthlich nicht ohne Absichten, für den weissesten unter allen Sterblichen. „Wißt ihr, sprach Sokrates, warum Apollo mich für den größten Weisen auf Erden hält? Weil andere mehrentheils etwas zu wissen glauben, das sie nicht wissen; ich aber sehe wohl ein und gestehe, daß alles, was ich weiß, darauf hinausläuft, daß ich nichts weiß."

Der Ruhm des Sokrates verbreitete sich in ganz Griechenland, und es kamen die angesehensten und gelehrtesten Männer von allen Gegenden zu ihm, um seines freundschaftlichen Umgangs und Unterrichts zu genießen. Die Begierde ihn zu hören, war unter seinen Freunden so groß, daß mancher sein Leben wagte, um nur täglich bey ihm zu seyn. Die Athenienser hatten bey Lebensstrafe verboten, daß sich kein Megarenser auf ihrem Gebiete betreten lassen sollte. Euklides von Megara, ein Freund und Schüler des Sokrates, ließ sich dadurch nicht abhalten, seinen Lehrer zu besuchen. Des Nachts gieng er, in bunte Weiberkleider gehüllt, von Megara nach Athen, und des Morgens, ehe es Tag war, gieng er wieder seine zwanzig tausend Schritte zurück nach Hause. Bey dem allen lebte Sokrates in der äußersten Armuth und Dürftigkeit, und wollte sich nichts für seinen Unterricht bezahlen lassen, obgleich die Athenienser so lehrbegierig waren, daß sie sichs große Summen würden haben kosten lassen, wann er auf Belohnung gedrungen hätte. Die Sophisten wußten von dieser Bereitwilligkeit schon bessern Gebrauch zu machen.

Es muß ihm desto mehr Ueberwindung gekostet haben, diese Dürftigkeit zu ertragen, da seine Frau, die berüchtigte Xantippe, eben nicht die genügsamste Hausfrau gewesen, und er auch für Kinder zu sorgen gehabt, die ihre Verpflegung von seiner Hand erwarteten. Es ist zwar noch nicht ausgemacht, daß die Xantippe von so böser Gemüthsart gewesen, als man gemeiniglich glaubet. Die Mährchen, die zu ihrer Beschimpfung bekannt sind, rühren von spätern Schriftstellern her, die sie nur vom Hörensagen haben konnten. Plato und Xenophon, die am besten

davon unterrichtet seyn mußten, scheinen sie als eine mittelmäßige Frau gekannt zu haben, von der sich weder viel gutes noch viel böses sagen läßt. Ja man wird in folgendem Gespräche nach dem Plato finden, daß sie, an dem letzten Tage des Sokrates, mit ihrem Kinde bey ihm im Kerker gewesen, und sich ausserordentlich über seinen Tod betrübt hat. Alles, was man sonst bey diesen glaubwürdigsten Schriftstellern zu ihrem Nachtheile findet, ist etwa eine Stelle in dem Tischgespräche Xenophons, wo jemand den Sokrates fragt, warum er sich eine Frau genommen, die so wenig umgänglich wäre? worauf dieser in seinem gewöhnlichen Tone antwortet: "Wer mit Pfer-
"den umgehen lernen will, der wählet sich zu seiner
"Uebung kein geduldiges Lastthier, sondern ein mu-
"thiges Roß, das schwer zu bändigen ist. Ich, der
"ich mit Menschen umgehen lernen will, habe mir
"aus eben der Ursache eine Hausfrau gewählt, die un-
"verträglich ist, um die verschiedene Laune der Men-
"schen desto besser ertragen zu lernen." An einer andern Stelle läßt eben dieser Schriftsteller den Sohn des Sokrates den Lamproklus, sich gegen seinen Vater über die harte Begegnung, mürrische Gemüthsart und unerträgliche Laune seiner Mutter beschweren. Allein aus der Antwort des Sokrates erhellet, zu ihrem Lobe, daß sie, bey ihrem zänkischen Gemüthe, die Pflichten einer Hausmutter gleichwol sorgfältig beobachtet, und ihre Kinder ge-

B   liebt,

liebt, und gehörig verpflegt hat. Dieses Zeugniß ihres Ehemannes widerlegt offenbar alle schimpfliche Histörchen, die man auf ihre Unkosten ersonnen, und wodurch man sie der Nachwelt als ein Beyspiel eines bösen Weibes aufgestellt hat. Man kann mit gutem Grunde Glauben, daß Sokrates seine Kunst mit Menschen umzugehen an seiner Ehegenoßin nicht vergebens geübt hat; daß er vielmehr durch unermüdete Geduld, Gefälligkeit, Sanftmuth, und durch sein unwiderstehlichen Ermahnungen die Härte ihres Temperaments überwunden, ihre Liebe gewonnen, und sie dergestalt gebessert haben wird, daß sie aus einem unverträglichen Weibe eine gute Hausmutter, und, wie ihre Aufführung vor seinem Ende ausweiset, eine zärtliche Ehefrau geworden. Dem sey indessen wie ihm wolle, so müssen ihm seine häußlichen Umstände die Armuth weit beschwerlicher gemacht haben; da er nicht sich allein, sondern einer ganzen Familie, und vielleicht einer unzufriedenen und über seine strenge Genügsamkeit sich beklagenden Familie, von seinem Thun und Lassen Rechenschaft zu geben hatte. Niemand war besser von den Pflichten eines Hausvaters unterrichtet, als Sokrates. Er wußte wohl, daß ihm obliege, so viel zu erwerben und anzuschaffen, als zum ehrlichen Auskommen für seine Familie nöthig sey, und er hat diese natürliche Pflicht seinen Freunden sehr oft eingeschärft. Allein was ihn selbst betraf, so stand ihm eine höhere Pflicht im Wege, die ihn

ihn verhinderte, jener Genüge zu leisten. Das Verderbniß der Zeiten, da alles des feilen Gewinnstes halber geschahe, und insbesondere die niederträchtige Habsucht der Sophisten, die ihre verderblichen Lehren um baares Geld verkauften, und die schändlichsten Mittel anwendeten, sich auf Unkosten des betrogenen Volks zu bereichern: diese legten ihm die Verbindlichkeit auf, der niedrigen Gewinnsucht die äußerste Uneigennützigkeit entgegen zu setzen, damit seine reinen und unbefleckten Absichten keiner übeln Auslegung fähig seyn möchten. Er wollte lieber darben, und, wenn ihn der Mangel zu sehr drückte, von Almosen leben, als durch sein Beyspiel den schmuzigen Geldgeiz dieser falschen Weisheitslehrer nur einigermaßen rechtfertigen.

Er unterbrach diese wohlthätigen Beschäftigungen, und zog abermals freywillig mit zu Felde wider die Boeotier. Die Athenienser verloren eine Schlacht bey Delium, und wurden aufs Haupt geschlagen. Sokrates zeigte seine Tapferkeit so wohl im Treffen, als auf dem Rückzuge. ”Hätte jedermann seine Pflicht so gethan, ”wie Sokrates, spricht der Feldherr Laches beym ”Plato, so wäre der Tag gewiß nicht unglücklich für ”uns gewesen.” Als alles floh, gieng er auch zurück, aber Schritt vor Schritt, und indem er sich öfters umkehrte, um einem Feinde, der ihm etwa auf den Hals käme, Widerstand zu thun. Er fand den Xenophon, der vom Pferde gefallen und verwundet war, unterwegens liegend, nahm ihn auf seine Schulter, und brachte ihn in Sicherheit.

Die Priester, Sophisten, Redner und andre, die dergleichen feile Künste trieben, Leute, denen Sokrates ein Dorn im Auge seyn mußte, machten sich desselben Abwesenheit zu Nutz, und suchten die Gemüther wider ihn aufzubringen. Bey seiner Zurückkunft fand er eine geschlossene Parthey, der kein Mittel ihm zu schaden zu niederträchtig war. Sie mietheten, wie man zu glauben Ursach hat, den Komödienschreiber Aristophanes, daß er durch ein Possenspiel, das man damals Komödie nannte, den Sokrates verhaßt und lächerlich zu machen suchte, um das gemeine Volk theils auszuholen, theils vorzubereiten, und wann der Streich gelänge, ein mehreres zu wagen. Diese Fratze führte den Namen die *Wolken.* Sokrates war die Hauptperson, und die Figur, die diese Rolle machte, gab sich Mühe, ihn nach dem Leben zu konterfeyen. Kleidung, Gang, Geberde, Stimme, alles äfte er natürlich nach. Das Stück selbst hat sich, zur Ehre des verfolgten Weltweisen, bis auf unsre Zeiten erhalten. Man kann sich kaum etwas ungezogeners gedenken.

Sokrates pflegte sonst niemals das Theater zu besuchen, außer wann die Stücke des Euripides
(daran

(daran er selbst, wie einige wollen, Antheil gehabt,) aufgeführet wurden. Den Tag, da dieses Pasquill aufgeführt werden sollte, gieng er gleichwohl hinein. Er hörte, daß viele Fremde, die zugegen waren, sich erkundigten, wer dieser Sokrates im Originale sey, der auf der Bühne so gehöhnt werde? Er trat mitten im Schauspiel hervor, und blieb, bis ans Ende des Stücks, auf einer Stelle stehn, wo ihn jedermann sehen und mit der Kopey vergleichen konnte. Dieser Streich war für den Dichter und seine Komödie tödtlich. Die possenhaftesten Einfälle thaten keine Wirkung mehr: denn das Ansehen des Sokrates erregte Hochachtung und eine Art von Erstaunen über seine Unerschrockenheit. Auch fand das Stück keinen Beyfall. Der Dichter veränderte es, und brachte es das folgende Jahr wieder auf die Bühne, aber mit eben so schlechtem Erfolge. Die Feinde des Weltweisen sahen sich genöthiget, die vorgehabte Verfolgung bis auf eine günstigere Zeit zu verschieben.

Kaum war der Krieg mit den Boetiern geendiget, so mußten die Athenienser schon ein neues Heer anwerben, um dem Lacedämonischen Feldherrn Brasidas Einhalt zu thun, der in Thrazien verschiedene Städte, und unter andern die wichtige Stadt Amphipolis ihrer Herrschaft entzogen hatte. Sokrates ließ sich die Gefahr, in die ihn seine letzte Abwesenheit gesetzt, nicht abhalten, dem Vaterlande abermals

mals zu dienen. Dieses war das letzte mal, daß er seine Vaterstadt verlassen hatte. Nach der Zeit kam er, bis an sein Ende, nicht aus dem Gebiete der Athenienser, und unterließ niemals, der Jugend, die ihn suchte, seinen freundschaftlichen Umgang zu gönnen, und ihr durch Lehren, und gutes Exempel die Liebe zur Tugend einzuflößen. Wie er aber überall ein großer Freund und Liebhaber der Schönheit war, so schien er in der Wahl seiner Freunde auch auf körperliche Schönheit zu sehen. Ein schöner Körper, pflegte er zu sagen, verspricht eine schöne Seele, und wenn sie der Erwartung nicht zusagt, so muß sie verwahrloßt worden seyn. Daher er sich denn viele Mühe gab, das Inwendige dieser Personen mit ihrem wohlgebildeten Aeußerlichen übereinstimmend zu machen. Niemand aber war ihm so angelegen, als Alcibiades, ein junger Mensch von ungemeiner Schönheit und von großen Talenten, der hochfahrend, muthig, leichtsinnig und überaus feuriges Temperaments war. Diesen verfolgte er unermüdet, ließ sich bey allen Gelegenheiten mit ihm in Unterredung ein, um ihn durch freundschaftliche Ermahnungen und liebreiche Verweise von den Ausschweifungen des Ehrgeizes und der Wollust, wozu er von Natur sehr geneigt war, abzuhalten. Plato läßt ihn bey dieser Gelegenheit öfters Ausdrücke brauchen, die beynahe verliebt scheinen: daher man in spätern Zeiten Gelegenheit genommen, den Sokrates eines sträflichen

Um-

Umgangs mit jungen Leuten zu beschuldigen. Allein die Feinde des Sokrates selbst, Aristophanes in der Komödie, und Melitus in seiner Anklage, thun hiervon nicht die geringste Erwehnung. Melitus beschuldigt ihn zwar, daß er die Jugend verderbe; allein wie aus der Antwort des Sokrates gar deutlich erhellet, gieng dieses auf die Gesetze der Religion und der Politik, gegen welche er die Jugend gleichgültig gemacht haben sollte. Gesetzt auch, die damalige Verderbniß der Sitten wäre so weit gegangen, daß man dieses widernatürliche Laster beynahe für natürlich gehalten, so hätten seine Feinde dennoch diesen Umstand nicht ganz verschwiegen, wenn es nicht offenbar unmöglich gewesen wäre, das Muster der Keuschheit und Enthaltsamkeit einer so viehischen Geilheit zu beschuldigen. Man lese die strengen Vorwürfe, die er dem *Kritias* und *Kritobulus* machet; man lese das Zeugniß, das ihm der muthwillige, halbberauschte *Alcibiades*, in *Platons* Tischgespräche, giebt. Das Stillschweigen der Feinde und Verläumder, und seiner Freunde positives Zeugniß vom Gegentheile, lassen keinen Zweifel zurück, daß die Beschuldigung ungegründet und eine strafbare Verläumdung sey. Die Ausdrücke des *Plato*, so fremde sie auch in unsern Ohren klingen, beweisen weiter nichts, als daß diese unnatürliche Galanterie damals die Modesprache gewesen, wie etwa der ernsthafteste Mann in unsern Zeiten sich nicht entbrechen würde,

wenn

wenn er an ein Frauenzimmer schreibt, wie verliebt zu thun.

Ueber den Genius, den er zu besitzen vorgab, und der ihn, wie er sagte, allzeit abhielt, wenn er etwas Schädliches unternehmen wollte, sind die Meynungen der Gelehrten getheilt. Einige glauben, Sokrates habe sich hierinn eine kleine Erdichtung erlaubt, um bey dem abergläubischen Volke Gehör zu finden; allein dieses scheint mit seiner gewöhnlichen Aufrichtigkeit zu streiten. Andre verstehen unter diesem Genius ein geschärftes Gefühl vom Guten und Bösen, eine durch Nachdenken, durch lange Erfahrung und anhaltende Uebung zum Instinkt gewordene moralische Beurtheilungskraft, vermöge welcher er jede freye Handlung nach ihren muthmaßlichen Folgen und Wirkungen prüfen und beurtheilen konnte, ohne sich selbst von seinem Urtheile Rechenschaft geben zu können. Man findet aber beym Xenophon so wohl als Plato verschiedene Vorfälle, wo dieser Geist dem Sokrates Dinge vorher gesagt haben soll, die sich aus keiner natürlichen Kraft der Seele erklären lassen. Vielleicht sind diese von seinen Schülern aus guter Meynung hinzu gesetzt worden; vielleicht auch hatte Sokrates, der, wie wir gesehen, zu Entzückungen aufgelegt war, selbst Schwachheit oder schwärmende Einbildungskraft genug, dieses lebhafte moralische Gefühl, das er nicht zu erklären wußte, in einen vertraulichen Geist umzuanzuschaffen, und ihm hernach auch diejenigen Ahndungen zuzuschreiben, die aus ganz andern Quellen entspringen. Muß denn ein vortreflicher Mann nothwendig von allen Schwachheiten und Vorurtheilen frey seyn? In unsern Tagen ist es kein Verdienst mehr, Geistereingebungen zu verspotten. Vielleicht hat zu den Zeiten des Sokrates eine Anstrengung des Genies dazu gehört, die er nützlicher angewendet hat. Er war ohnedem gewohnt, jeden Aberglauben zu dulden, der nicht unmittelbar zur Unsittlichkeit führen konnte, wie bereits oben erinnert worden.

Die Glückseligkeit des menschlichen Geschlechts war sein einziges Studium. So bald ein Vorurtheil oder Aberglaube zur offenbaren Gewaltthätigkeit, Kränkung der menschlichen Rechte, Verderbniß der Sitten u. s. w. Anlaß gab: so konnte ihn nichts in der Welt abhalten, aller Drohung und Verfolgung zum Trotze, sich dawider zu erklären. Es war unter den Griechen ein hergebrachter Aberglaube, daß die Schatten der unbegrabenen Todten am Ufer des Styx hundert Jahre rastlos herumirren müßten, bevor sie herüber gelassen würden. Dieser Wahn mag dem rohen Volk von dem ersten Stifter der Gesellschaft aus löblichen Absichten beygebracht worden seyn. Indessen hat er zu den Zeiten des Sokrates, durch einen schändlichen Mißbrauch, manchen wackern Patrioten das Leben gekostet. Die Athenienser hatten bey den Arginusischen nischen Inseln über die Lacädemonier einen vollkommenen Sieg erhalten. Die Befehlshaber der siegenden Flotte wurden aber durch einen Sturm abgehalten, ihre Todten zu begraben. Bey ihrer Rückkunft nach Athen wurden sie, auf die undankbarste Weise, dieser Unterlassung halben öffentlich angeklagt. Sokrates hatte denselben Tag den Vorsitz in dem Senat der Prytanen, welche die öffentlichen Angelegenheiten zu besorgen hatten. Die Bosheit einiger Mächtigen im Reiche, die Heucheley der Priester und die Niederträchtigkeit feiler Redner und Demagogen, hatten sich vereinigt, den blinden Eyfer des Volks wider diese Beschützer des Staats aufzubringen. Das Volk drang mit Ungestüm auf ihre Verdammung. Ein Theil des Senats war selbst von diesem pöbelhaften Wahne bethört; und der Ueberrest hatte nicht Muth genug, sich der allgemeinen Raserey zu widersetzen. Alles willigte darein, diese unglücklichen Patrioten zum Tode zu verurtheilen. Nur Sokrates allein hatte die Herzhaftigkeit, ihre Unschuld zu vertheidigen. Er verachtete die Drohungen der Mächtigen, und die Wut des aufgebrachten Pöbels, stand ganz allein auf der Seite der verfolgten Unschuld, und wollte lieber das Aergste über sich ergehen lassen, als in eine so heillose Ungerechtigkeit willigen. Wiewohl alle seine Bemühungen zu ihrem Besten dennoch fruchtlos abliefen. Er hatte den Verdruß, zu sehen, daß der blinde Eyfer die Oberhand erhielt, und daß die Repupublik sich selbst die Schmach anthat, ihre tapfersten Beschützer einem übelverstandenen Vorurtheil aufzuopfern. Das Jahr darauf wurden die Athenienser von den Lacedämoniern auf das Haupt geschlagen, ihre Flotte zu Grunde gerichtet, ihre Hauptstadt belagert und dergestalt auf Aeußerste gebracht, daß sie sich den Siegern auf Gnade und Ungnade ergeben mußte. Es ist sehr wahrscheinlich, daß der Mangel an erfahrnen Anführern auf Seiten der Athenienser an dieser Niederlage nicht wenig Schuld gewesen.

Lysander, der Feldherr der Lacädemonier, der die Stadt eingenommen hatte, begünstigte eine in derselben entstandene Empörung, verwandelte die demokratische Regierungsform in eine Oligarchie, und setzte einen Rath von dreyßig Männern, die unter dem Namen der dreyßig Tyrannen bekannt sind. Die grausamsten Feinde hätten in der Stadt so nicht wüten können, als diese Ungeheuer gewütet haben. Unter dem Vorwande, Staatsverbrechen und Meuterey zu bestrafen, wurden die rechtschaffensten Leute im Staat ihres Lebens oder ihres Vermögens beraubt. Plündern, rauben, verbannen, diesen öffentlich jenen meuchelmörderisch hinrichten lassen, waren Thaten, mit welchen sie ihre Regierung bezeichneten. Wie mußte das Herz des Sokrates bluten, den Kritias, der vormals sein Schüler war, an der Spitze dieser Scheusale zu sehen! Ja, dieser Kritias, sein vormalimaliger Freund und Zuhörer, zeigte sich nunmehr als seinen offenbaren Feind, und suchte Gelegenheit, ihn zu verfolgen. Der weise Mann hatte ihm einst seine viehische und widernatürliche Geilheit mit harten Worten verwiesen, und seit der Zeit trug ihm der Unmensch einen heimlichen Groll nach, der jetzo auszubrechen Gelegenheit suchte.

Als er und Charikles zu Gesetzgebern ernennt wurden, führten sie, um eine Ursach an dem Sokrates zu finden, das Gesetz ein, daß niemand in der Redekunst unterrichten sollte. Sie erfuhren darauf, daß sich Sokrates mit Worten wider sie vergangen, und verschiedentlich habe verlauten lassen, es wäre zwar wunderbar, wenn Hirten die ihnen anvertraute Heerde kleiner und magerer machten, und dennoch nicht für schlechte Hirten wollten gehalten seyn; aber weit wunderbarer wäre es, wenn die Vorsteher eines Staats die Bürger weniger und schlechter machten, und dennoch nicht schlechte Vorsteher seyn wollten. Sie ließen ihn kommen, zeigten ihm das Gesetz, und verboten ihm, mit jungen Leuten sich in Unterredung einzulassen. "Ist es erlaubt, versetzte Sokrates, eines
"und das andere zu fragen, das mir in diesem Ver-
"bote nicht deutlich genung ist? — O ja! antwortete
"man. — Ich bin bereit, erwiederte er, dem Gesetze
"zu folgen, und befürchte nur aus Unwissenheit da-
"wider zu verstoßen: ich bitte daher um eine deutli-
"chere

"chere Erklärung, ob ihr unter der Redekunst eine
"Kunst recht zu reden, oder unrecht zu reden versteht?
"Ist jenes: so muß ich mich enthalten, jemanden zu
"sagen, wie er recht reden soll; ist aber dieses: so
"werde ich niemand unterweisen, wie er unrecht re-
"den soll.

"Charikles entrüstete sich, und sprach: Wenn du
"dieses nicht verstehest, so haben wir dir es faßlicher
"gemacht, und schlechterdings verboten, mit jungen
"Leuten zu reden. — Damit ich aber auch hierinn
"wisse, wie ich mich zu verhalten habe, sprach So-
"krates: so bestimmt mir die Zeit, wie lange ihr die
"Menschen für junge Leute haltet? So lange sie nicht
"im Rathe sitzen können, antwortete Charikles, das
"ist, so lange sie nicht zu reiferm Verstande gekommen
"sind, nehmlich bis zu dreyßig Jahren.

"Wenn ich aber etwas kaufen will, erwiederte
"Sokrates, das ein junger Mensch unter dreyßig
"Jahren zu verkaufen hat, soll ich nicht fragen, wie
"theuer? Dieses ist dir nicht verboten, sprach Charikles;
"aber du fragst manchmal Dinge, die du gar wohl
"weißt: solcher Fragen enthalte dich ferner! — Und
"antworten? sprach Sokrates weiter. Wenn ein
"junger Mensch mich fragt, wo Charikles oder Kri-
"tias wohne? darf ich ihm hierauf antworten? — Ja,
"ja, sprach Kritias; aber enthalte dich der abgenutz-
"ten

"ten Beyspiele und Gleichnisse von Riemenschneidern,
"Zimmerleuten und Schmieden. Vermuthlich, er-
"wiederte Sokrates, auch der Begriffe, die ich durch
"diese Beyspiele zu erläutern pflege, von der Gerech-
"tigkeit, Heiligkeit, Frömmigkeit, u. s. w.? Ganz
"recht! antwortete Charikles, und vor allen Dingen
"auch der Viehhirten. Merke dir das! oder ich be-
"fürchte, du wirst auch die Heerde kleiner machen."

Sokrates achtete ihre Drohungen so wenig, als
ihr ungereimtes Gesetz, daß sie, der gesunden Vernunft und dem Gesetz der Natur schnurstracks zuwider, keine Befugniß gehabt einzuführen. Er setzte
seine Bemühungen zum Besten der Tugend und Gerechtigkeit mit dem unermüdetesten Eifer fort, und die
Tyrannen unterstunden sich gleichwohl nicht, ihm so
gerade auf den Leib zu kommen. Sie suchten Umwe-
ge, und wollten ihn mit in ihre Ungerechtigkeiten verwickeln: trugen ihm daher nebst vier andern Bür-
gern auf, den Leon von Salamin nach Athen zu
bringen, um ihn hinrichten zu lassen. Die andern
übernahmen den Auftrag; Sokrates aber erklärte sich,
daß er niemals zu einer ungerechten Sache die Hände
bieten werde. So willst du denn, sprach Charikles,
Freyheit haben, zu reden, was du willst, und gar
nichts dafür leiden? Alles mögliche Uebel, antwortete er, will ich dafür leiden, nur das nicht,
jemanden Unrecht zu thun. Charikles schwieg,
und

und die übrigen sahen sich einander an. Diese Freyheiten würden den Sokrates am Ende dennoch das Leben gekostet haben, wenn nicht das Volk, der Grausamkeit dieser Tyrannen müde, einen Aufstand erregt, ihre vornehmsten Anführer umgebracht, und die übrigen zur Stadt hinaus gejagt hätte.

Unter der wiederhergestellten demokratischen Regierung gieng es dem Sokrates gleichwohl nicht besser. Die alten Feinde desselben, die Sophisten, Priester und Redner, fanden nunmehr die längst erwünschte Gelegenheit, ihn mit besserm Glück zu verfolgen, und endlich gar aus dem Wege zu räumen. Anytus, Melitus und Lykon, sind die drey zu ihrer Schmach unvergeßliche Namen derer, die sich zur Ausführung dieses schändlichen Vorhabens haben brauchen lassen. Sie brachten die Verläumdung unter das Volk: Sokrates habe dem Kritias die Grundsätze der Tyranney beygebracht, die er neulich mit so unerhörter Grausamkeit ausgeübt hätte. Wer die Leichtgläubigkeit und Unbeständigkeit des Pöbels kennt, wird sich nicht verwundern, daß die Athenienser einer so offenbaren Falschheit Gehör gegeben, ob gleich jedermann wußte, was zwischen dem Sokrates und den Tyrannen vorgefallen. Einige Jahre vorher hatte Alcibiades, der große Talente, aber einen sehr wilden Charakter hatte, in Gesellschaft anderer muthwilligen Jünglinge, die Bildsäule des Merkurs zerschlagen, die Eleusinischen Ge-

heimniſſe öffentlich verſpottet, und wegen dieſes Ueber-
muths aus ſeiner Vaterſtadt entweichen müſſen. Anjetzo wurde dieſe Geſchichte wieder rege gemacht, und
von den Feinden des Sokrates ausgeſtreut, er habe
dem jungen Menſchen die Verachtung der Religion
beygebracht. Nichts war den Lehren und der Aufführ-
rung des Sokrates mehr zuwider, als ein ſolcher Fre-
vel. Den öffentlichen Gottesdienſt, ſo abergläubiſch
er auch ſeyn mochte, hat er allezeit in Ehren gehalten; und was die Eleuſiniſchen Geheimniſſe betrift,
ſo rieth er allen ſeinen Freunden, ſich in denſelben ein-
weihen zu laſſen; ob er gleich ſelbſt ſeine Urſachen haben mochte, es nicht zu thun. Man hat ſehr guten
Grund, zu glauben, daß die größern Geheimniſſe zu
Eleuſis nichts anders waren, als die Lehren der wahren natürlichen Religion, und eine vernünftige Auslegung der Fabeln. Wenn Sokrates ſich weigerte,
die Einweihung anzunehmen, ſo geſchah es, wahrſchein-
licher Weiſe, um die Freyheit zu behalten, dieſe Geheimniſſe ungeſtraft ausbreiten zu dürfen, die ihm die
Prieſter durch die Einweihung zu entziehen ſuchten.

Als die Verläumder, durch dergleichen boshafte
Ausſtreuungen, das Volk genugſam vorbereitet zu haben glaubten, brachte Melitus eine förmliche Anklage wider den Sokrates an die Obrigkeit der Stadt,
welche alſofort dem Volk davon Nachricht gab. Das
Gericht der Helika wurde zuſammen berufen und die
gewöhn-

gewöhnliche Anzahl der Bürger durch das Loos bestimmt, die den Angeklagten richten sollten. Die Anklage war: Sokrates handelt wider die Gesetze, indem er 1) die Götter der Stadt nicht verehrt und eine neue Gottheit einführen will, und 2) die Jugend verderbet, der er eine Verachtung alles dessen, was heilig ist, beybringet. Seine Strafe sey der Tod.

Seine Freunde brachten ihm wohlausgearbeitete Reden zu seiner Vertheidigung. "Sie sind sehr schön, "sprach er, aber für mich alten Mann schicken sich "dergleichen Künste nicht." Willst du nicht selbst etwas zu deiner Vertheidigung aufsetzen? fragten sie ihn. "Die beste Vertheidigung, die ich machen kann, "antwortete er, ist, daß ich in meinem Leben niemanden Unrecht gethan. Ich habe zu verschiedenen ma"len angefangen auf eine Schutzrede zu denken, bin "aber allemal von Gott daran verhindert worden. "Vielleicht ist es sein Wille, daß ich in diesen Jah"ren, bevor das hinfällige und einer Krankheit ähn"liche Alter kömmt, eines leichtern Todes sterben, "und weder meinen Freunden noch mir selbst zur Last "werden soll." In diesen Worten hat jemand vor einiger Zeit den Beweis finden wollen, daß Sokrates feigherzig gewesen, und die Unbequemlichkeiten des Alters, mehr als den Tod, gefürchtet habe. Es gehöret

ret nicht wenig Dreustigkeit dazu, dem Leser so was einbilden zu wollen!

An dem zu dieser Untersuchung öffentlich anberamte Tage erschienen Melitus, Anytus und Lyko, der erste für die Dichter, der zweyte für das Volk, und der letzte für die Redner, bestiegen einer nach dem andern den Rednerstul, und hielten die giftigsten und verleumderischsten Reden wider den Sokrates. Er betrat nach ihnen den Platz, ohne zu zittern oder zu zagen, ohne, nach der damaligen Gewohnheit auf Gerichtsstuben, seine Richter durch einen jämmerlichen Anblick zum Mitleiden bewegen zu wollen; sondern mit dem gesetzten und zuversichtlichen Wesen, das seiner Weisheit anständig war. Er hielt eine zwar ungekünstelte und unvorbereitete, aber männliche und sehr nachdrückliche Rede, in welcher er alle Verleumdungen und boshaften Gerüchte, die man zu seinem Nachtheil ausgestreut, ohne Bitterkeit widerlegte, seine Ankläger beschämte und in ihren eigenen Beschuldigungen Widersprüche und Ungereimtheiten zeigte. Seinen Richtern begegnete er zwar mit der erfoderlichen Ehrerbietigkeit, sprach aber in einem so festen und seines Vorzugs sich bewußten Tone, daß seine Rede öfters durch unzufriedenes Murmeln unterbrochen ward. Er beschloß mit folgenden Worten:

”Wer-

„Werdet nicht ungehalten, Athenienser! daß ich,
„wider die Gewohnheit der Verklagten, nicht in Thrä-
„nen zu euch rede, oder meine Kinder, Verwandten
„und Freunde in einem kläglichen Aufzuge erscheinen
„lasse, um euch zum Mitleiden zu bewegen. Nicht
„aus Hochmuth oder Trotz habe ich dieses unterlas-
„sen; sondern weil ich es für unanständig halte, einen
„Richter anzuflehen, und ihn anders, als durch die
„Rechtmäßigkeit der Sache, einnehmen zu wollen.
„Der Richter hat sich durch einen Eid verpflichtet,
„nach Gesetz und Billigkeit zu urtheilen, und sein Mit-
„leiden so wenig als seinen Zorn den Ausspruch thun
„zu lassen. Wir Angeklagten handeln also wider Recht
„und Billigkeit, wenn wir euch durch unsre Klagen
„eidbrüchig zu machen suchen, und wider die Achtung,
„die wir euch schuldig sind, wenn wir euch fähig hal-
„ten, es zu werden. Ich will auf keinerley Weise
„meine Errettung solchen Mitteln zu verdanken ha-
„ben, die weder recht, noch billig, noch gottesfürch-
„tig sind; vornehmlich da ich vom Melitus so eben
„der Gottlosigkeit beschuldiget worden bin. Wenn
„ich durch mein Flehen euch meyneidig zu machen
„suchete, so wäre dieses der überzeugendste Beweis,
„daß ich keine Götter glaube; mithin würde mich die-
„se Vertheidigung selbst der Atheisterey überführen.
„Aber nein! ich bin mehr als alle meine Ankläger, von
„dem Daseyn Gottes überzeugt, und ergebe mich da-
„her Gotte und euch, mich nach Wahrheit zu rich-
„ten,

"ten, und über mich zu verhängen, was ihr sowohl
"für euch, als für mich für das Beste haltet."

Die Richter waren höchst unzufrieden über dieses gesetzte und unerschütterte Wesen, und unterbrachen den Plato, der nach ihm hervortrat, und zu reden begann. "Ob ich schon der jüngste bin, Athenienser!
"fieng Plato an, von denen, welche diesen Ort hin=
"aufgestiegen —" Heruntergestiegen riefen sie ihm zu, und ließen ihn seine Rede nicht fortsetzen. Sokrates wurde durch die Mehrheit von drey und dreyßig Stimmen für schuldig erkannt.

Es war die Gewohnheit zu Athen, daß die Ver= urtheilten sich selbst eine gewisse Strafe, Geldbuße, Gefängniß oder Verbannung auflegen mußten, um dadurch die Billigkeit des Urtheils zu bekräftigen, oder vielmehr ihre Verbrechen einzugestehen. Sokrates soll= te wählen; aber er wollte auf keinerley Weise gegen sich selbst so ungerecht seyn, sich für schuldig zu erken= nen, und sprach:

"Wenn ich frey sagen soll, was ich verdient zu
"haben glaube, so wisset, Athenienser! ich glaube,
"durch die Dienste, die ich der Republik geleistet,
"wohl werth zu seyn, daß man mich auf öffentliche
"Kosten im Prytaneum unterhalte." Auf Zure= ben seiner Freunde verstand er sich gleichwohl zu ei=
ner

ner kleinen Geldbuße, wollte aber nicht zugeben, daß sie unter sich eine größere Summe zusammen schießen sollten.

Die Richter berathschlageten sich, welche Strafe sie ihm zuerkennen sollten, und die Bosheit seiner Feinde brachte es dahin, daß er zum Tode verurtheilt wurde: „Ihr seyd mit eurem Urtheile sehr voreilig gewe-
„sen, Athenienser! sprach Sokrates, und habt da-
„durch den Verleumdern dieser Stadt Stoff gegeben,
„euch vorzuwerfen, daß ihr den weisen Sokrates
„ums Leben gebracht; denn sie werden mich weise
„nennen, wenn ich es schon nicht bin, um euch desto-
„mehr tadeln zu können. Ihr hättet nicht lange war-
„ten dürfen, so wäre ich, ohne euer Zuthun, gestor-
„ben. Ihr sehet, wie nahe ich schon dem Tode bin *).
„Euch meyne ich hiermit, die ihr mir den Tod zuer-
„kannt habet! Glaubet ihr etwa, Männer von Athen!
„daß es mir an Worten gefehlt, euch einzunehmen
„und zu überreden, wenn ich der Meynung gewesen
„wäre, man müßte alles thun und alles sprechen, um
„ein günstiges Urtheil zu erhalten? Gewißlich nicht!
„Wenn ich unterliege, so ist es nicht aus Mangel an
„Worten und Vorstellungen, sondern aus Mangel
„an Unverschämtheit und Niederträchtigkeit, euch sol-
„che

―――――――

*) Er war damals 70 Jahr alt.

„che Dinge hören zu laſſen, die euch angenehm zu verneh„men, aber einem rechtſchaffenen Manne unanſtändig „ſind zu ſagen. Heulen, ſchreyen und andere ſolche krie„chende Ueberredungsmittel, die ihr an andern gewohnt „ſeyd, ſind meiner höchſt unwürdig. Ich hatte mir „gleich Anfangs vorgenommen, lieber das Leben zu „verlieren, als es auf eine unedle Weiſe zu retten. „Denn ich halte dafür, daß man eben ſo wenig be„rechtiget ſey, vor Gericht alles zu thun, um dem „Tode zu entfliehen, als im Kriege. Wie oft hat „ein Mann nicht in einem Gefechte Gelegenheit ſein „Leben zu erretten, wenn er die Waffen von ſich wer„fen und denjenigen, der ihm nachſetzt, um Gnade „bitten will. Und ſo giebt es im menſchlichen Leben „viele Vorfälle, wo der Tod gar wohl vermieden „werden kann, wenn man nur unverſchämt genug „iſt, alles zu thun und zu ſagen, was dazu erfor„dert wird. Dem Tode zu entfliehen, Männer von „Athen! iſt zuweilen ſo ſchwer nicht, aber der Schan„de zu entkommen, iſt weit ſchwerer: denn ſie iſt „ſchneller, als der Tod. Daher kömmt es auch, daß „ich langſamer, alter Mann von dem langſamſten „ergriffen worden; da hingegen meine Ankläger, die „ganz munter und lebhaft ſind, von der ſehr ſchnel„len Schande eingeholt worden ſind. Ich gehe zum „Tode, zu welchem ihr mich verurtheilt habet, und „ſie zur Schmach und Unehre, zu welcher ſie von „der Wahrheit und Gerechtigkeit verdammt werden.

„Ich

"Ich bin mit dem Urtheilsspruche zufrieden, vermuth=
"lich sie auch: mithin gehen die Sachen, recht wie
"sie sollten, und ich für mein Theil finde die Wege
"des Schicksals auch hierinn gerecht und verehrungs=
"werth."

Nachdem er hierauf den Richtern, die ihn verur=
theilt, freymüthig, aber ohne Galle, einige Wahrhei=
ten gesagt, wendete er sich zu denenjenigen, die für sei=
ne Lossprechung gestimmet hatten, und unterhielt sie
mit einer Art von Betrachtung über Leben, Tod und
Unsterblichkeit, die damals ziemlich der Fassungskraft
des gemeinen Volks angemessen gewesen seyn mag.
Als er aber mit seinen Schülern und vertrauten Freun=
den allein war, ließ er sich über eben diese Materie
mit mehrerer Gründlichkeit heraus: daher wir unsre
Leser, die in folgenden Gesprächen mit den reifern
Gedanken dieses Weltweisen unterhalten werden sollen,
mit jener exoterischen Philosophie billig verschonen.

Man führte ihn ins Gefängniß, das, wie Sene=
ka sagt, durch die Gegenwart dieses Mannes seine
Schmach verlor, indem das kein Kerker seyn kann,
wo ein Sokrates ist. Unterwegs begegneten ihm ei=
nige von seinen Schülern, die über dasjenige, was ihm
wiederfahren, ganz untröstlich waren. "Warum wei=
"net ihr? fragte sie der Weise. Hat mich die Natur
"nicht gleich bey meiner Geburt zum Tode verurtheilt?
"Wenn

„Wenn mich der Tod einem wahren und ersprießlichen „Gute entrissen, so hätte ich und diejenigen, die mich „lieben, Ursache, mein Schicksal zu bedauren. Da „ich aber hienieden nichts, als Jammer und Elend „zurücklasse: so sollten mir meine Freunde zu meiner „Reise vielmehr Glück wünschen."

Apollodorus, der als ein sehr gutherziger Mensch, aber etwas schwacher Kopf, beschrieben wird, konnte sich gar nicht zufrieden geben, daß sein Lehrer und Freund so unschuldig sterben müßte. Guter Apollodorus! sprach Sokrates lächelnd, indem er ihm die Hand auf den Kopf legte, würdest du es lieber sehen, wenn ich schuldig sterben müßte? —

Was übrigens im Gefängnisse und in den letzten Stunden des sterbenden Sokrates vorgegangen, wird der Leser in folgenden Gesprächen erfahren. Nur ist noch eine Unterredung mit dem Krito nicht aus der Acht zu lassen, aus welcher Plato ein besonderes Gespräch gemacht hat. Einige Tage vor der Hinrichtung des Sokrates kam Krito vor Anbruch des Tages zu ihm ins Gefängniß, fand ihn in süßem Schlafe, und setzte sich leise neben sein Bett, um ihn nicht zu stören. Als Sokrates erwachte, fragte er ihn, "warum heute so früh, Freund Krito?" Dieser meldete ihn, er hätte Nachricht, daß den nächsten Tag das Todesurtheil vollzogen werden sollte. "Wenn es "der

„der Wille Gottes ist, antwortete Sokrates, mit seiner
„gewöhnlichen Gelassenheit, so sey es! Indessen glau-
„be ich nicht, daß es morgen vor sich gehen werde.
„Ich hatte, so eben als du zu mir kamst, einen an-
„genehmen Traum. Mir erschien ein Frauenzim-
„mer von ungemeiner Schönheit, in einem langen
„weißen Gewande, rief mich beym Namen und
„sprach: In drey Tagen wirst du in dein frucht-
„bares Phthia anlangen." — Eine feine Anspie-
lung! wodurch er zu verstehen gab, daß er sich nach
jenem Leben, wie beym Homer der erzürnte Achilles
sich aus dem Lager weg, und nach Phthia, seinem
Vaterlande, sehnete. Krito aber, der ganz andre
Absichten hatte, entdeckte seinem Freunde, daß er die
Wache bestochen, und alles Nöthige vorgekehrt hätte,
ihn bey nächtlicher Weile aus dem Gefängnisse zu ent-
führen; und daß es nunmehr nur auf ihn ankäme,
ob er einem schimpflichen Tode entkommen wollte.
Er suchte ihn auch durch die wichtigsten Vorstellungen zu überführen, daß dieses seine Pflicht und Schuldigkeit sey. Da er seine Liebe für sein Vaterland kann-
te: so stellte er ihm vor, wie er verbunden wäre
zu verhüten, daß die Athenienser nicht unschuldi-
ges Blut vergössen; er führte überdem an, daß ers
um seiner Freunde willen thun müßte, die, außer
dem Schmerz über seinen Verlust, auch der schmäh-
lichen Nachrede würden ausgesetzt bleiben, daß sie seine Befreyung vernachläßiget. Endlich unterließ er
auch

auch nicht, ihm ein bewegliches Bild von dem Unglück seiner hüflosen Kinder vorzuhalten, die alsdann seines väterlichen Unterrichts, Beyspiels und Schutzes beraubt seyn würden. Hierauf antwortete Sokrates: „Mein lieber Krito! deine freundschaftliche Vorsorge „ist löblich, und daher mit Dank anzunehmen, wenn „sie sich mit der gesunden Vernunft verträgt. Ist „sie aber derselben zuwider, so haben wir uns um so „viel mehr dafür zu hüten. Wir sollten daher erst „in Ueberlegung nehmen, ob dein Vorschlag gerecht „und mit der Vernunft übereinstimmig sey, oder nicht. „Ich habe mich allezeit gewöhnt, mich zu nichts be„reden zu lassen, als was ich, nach reiflicher Ueber„legung, für das Beste gehalten, und ich sehe kei„nen Grund, warum ich von meinen bisherigen Le„bensregeln anjetzo abwiche, ob ich gleich in der Ver„fassung bin, in welcher du mich siehest: sie erschei„nen mir noch immer in eben dem Lichte, und da„her kann ich nicht anders, als sie immer noch werth „schätzen und verehren." Nachdem er seine falschen Bewegungsgründe widerlegt, und ihm gezeigt, was ein vernünftiger Mann den Gesetzen und dem Vaterlande schuldig sey, fährt er fort: "Wenn ich jetzt im „Begriffe wäre, davon zu laufen, und die Repu„blik samt ihren Gesetzen erschienen, um mich zu fra„gen: Sprich, Sokrates! was bist du Willens zu „thun? Bedenkst du nicht, daß dieses uns, den „Gesetzen und dem gesamten Staate, so viel an die
„liegt,

„liegt, den Untergang bereiten heißt? Oder glaubest
„du, daß ein Staat Bestand habe, und nicht noth-
„wendig zerrüttet werden müsse, in welchem die Ge-
„richtsurtheile keine Kraft haben, und von jeder Pri-
„vatperson vereitelt werden können? Was kann ich
„hierauf antworten, mein Wehrter?— Etwa, daß
„mir Unrecht geschehen, und ich das Urtheil nicht
„verdiene, das wider mich gesprochen worden? Soll
„ich dieses antworten? — Krit. Beym Jupiter?
„ja, o Sokrates! — Sokr. Wenn aber die
„Gesetze erwiederten: Wie? Sokrates, hast du dich
„gegen uns nicht anheischig gemacht, alle Rechtssprü-
„che der Republik zu genehmigen? — Ich würde
„über diesen Antrag stutzen; allein sie würden fort-
„fahren: Laß dich dieses nicht befremden, Sokra-
„tes! sondern antworte nur; du bist ja sonst ein
„Freund von Fragen und Antworten; sag an, was
„mißfällt dir an uns und an der Republik, daß du
„uns zu Grunde richten willst? Mißfallen dir etwa
„die Gesetze der Ehe, durch welche dein Vater deine
„Mutter geheyrathet, und dich zur Welt gebracht;
„mißfallen dir diese? — Keinesweges! würde ich ant-
„worten. So mißbilligest du etwa unsere Weise die
„Kinder zu erziehen und zu unterrichten? Ist die
„Einrichtung nicht löblich, die wir zu diesem Behufe
„gemacht, und die deinen Vater veranlaßt hat, dich
„   zu

„in der Musik und Gymnastik*) unterrichten zu lassen? — Sehr löblich! müßte ich antworten. — Du gestehest also, daß du uns deine Geburt, deine Auferziehung und deine Unterweisung zu verdanken hast, und folglich können wir dich so wohl, als jeden von deinen Vorfahren, als unsern Sohn und Untergebenen betrachten. Ist dem aber also, so fragen wir: kömmt dir mit uns ein gleiches Recht zu? und bist du befugt, uns alles, was wir dir thun, mit gleicher Münze zu bezahlen? Du wirst dir kein gleiches Recht mit deinem Vater anmaßen, kein gleiches Recht mit deinem Gebieter, wenn du einen hast: sie alles, was du von ihnen leidest, wieder empfinden zu lassen, dich mit Worten oder Thaten wider sie zu vergehen, wenn sie dir etwa zu nahe treten; und mit dem Vaterlande, und mit den Gesetzen willst du gleiches Recht haben? Gegen uns willst du dich für befugt halten, so bald wir etwas wider dich beschlossen, dich wider uns aufzulehnen? den Gesetzen, dem Vaterlande, so viel bey dir stehet, den Untergang anzurichten? und du glaubst rechtschaffen zu handeln? du, der du dich im Ernste der Tugend befleißigen willst? Steht es so um deine „Weis-

---

*) Die Uebungen der Seelenkräfte wurden Musik, und der Leibesgeschicklichkeiten Gymnastik genannt.

"Weisheit, daß du nicht einmal einsiehest, daß Va-
"ter und Mutter und Vorfahren lange nicht so ehr-
"würdig, nicht so hoch zu schätzen, nicht so heilig sind,
"bey den Göttern sowohl; als bey allen Menschen,
"die bey Verstande sind, in keinem solchen Ansehen
"stehen, als das Vaterland?" Sie fahren in diesem
"Tone fort, und setzen endlich hinzu: "Bedenke,
"Sokrates! ob du nicht unbillig gegen uns ver-
"fährst? Wir haben dich gezeugt, erzogen und un-
"terrichtet; wir haben dich, und jeden atheniensischen
"Bürger, so viel bey uns gestanden, aller Wohltha-
"ten theilhaftig gemacht, die das gesellschaftliche Le-
"ben gewähren kann: und gleichwohl haben wir dir,
"und jedwedem, der sich zu Athen niedergelassen, die
"Erlaubniß gegeben, wenn ihm unsre Staatsverfas-
"sung, nach einer hinlänglichen Prüfung, nicht an-
"steht, mit den Seinigen davon zu gehen, und sich,
"wohin er will, zu begeben. Die Thore von Athen
"stehen einem jeden offen, dem es in der Stadt nicht
"gefällt, und er kann das Seinige ungehindert mit-
"nehmen. Wer aber gesehen, wie es bey uns zu-
"gehet, und wie wir Recht und Gerechtigkeit handha-
"ben, und dennoch bey uns geblieben, der ist still-
"schweigend einen Vertrag eingegangen, sich alles ge-
"fallen zu lassen, was wir ihm befehlen; und wenn
"er ungehorsam ist, so begehet er eine dreyfache Un-
"ge-

"gerechtigkeit. Er ist ungehorsam gegen seinen Eltern,
"ungehorsam gegen seine Zucht und Lehrmeisterer,
"und er übertritt den Vertrag, den er mit uns ein=
"gegangen ist. Liebster Freund Krito! diese Reden
"glaube ich zu hören, wie die Korybanten sich ein=
"bilden, den Ton der Flöten zu hören, und die
"Stimme klinget so stark in meinen Ohren, daß ich
"nichts anders darüber vernehmen kann." Krito
gieng weg, überzeugt, aber unwillig, daß die Ver=
nunft seinen Vorschlag gemißbilliget hatte.

Phädon,
oder
über die Unsterblichkeit der Seele.

Phädon,
oder
über die Unsterblichkeit der Seele.

Echekrates, Phädon, Apollodorus, Sokrates, Cebes, Krito, Simmias.

Erstes Gespräch.

Echekrates.

Warst du selbst, mein Phädon! denselben Tag beym Sokrates, als er im Kerker den Gift zu sich nahm, oder hat es dir jemand erzählet?

Phädon.

Ich selbst, Echekrates! war da.

Echekrates.

Was sprach der Mann von seinem Tode? wie starb er? Wenn mir doch jemand alles umständlich erzählen wollte! Die Phliasischen Bürger kommen itzt selten nach Athen, und auch von daher ist schon lange kein Gast zu uns gekommen, der uns dergleichen Nachrichten hätte überbringen können. So viel haben wir vernommen: Sokrates hat Gift getrunken und ist gestorben; nicht den geringsten Umstand mehr.

Phädon.
Nichts von seiner Verurtheilung?

Echekrates.
O ja! das hat uns jemand erzählet. Wir verwunderten uns noch, daß man ihn, nachdem er bereits verurtheilet gewesen, noch so lange hat leben lassen. Wie kam dieses? Phädon!

Phädon.
Ganz von ungefähr, Echekrates! Es traf sich eben, daß das Schiff, welches die Athenienser jährlich nach Delos zu schicken pflegen, den Tag vor seiner Verurtheilung bekränzt wurde.

Echekrates.
Und dieses Schiff —

Phädon.
soll, wie die Athenienser sagen, dasselbe Fahrzeug seyn, in welchem einst Theseus die sieben Paar Kinder unbeschädigt nach Kreta hin und wieder zurück gebracht hatte. Die Stadt soll, wie man hinzusetzt, dem Apollo damals das Gelübde gethan haben, ihm jährlich in diesem Schiffe stattliche Geschenke nach Delos zu schicken, wenn diese anders ohne Schaden zurück kommen würden; und seit der Zeit hat man dem Gotte noch immer Wort gehalten.

Wenn

Wenn das heilige Schiff abgehen soll, so behänget der Priester des Apollo das Hintertheil desselben mit Kränzen, und sofort nimmt die Feyer der Theorie ihren Anfang. Dieses Fest dauert so lange, bis das Schiff zu Delos angelangt, und von da wieder zurück gekommen ist, binnen welcher Zeit die Stadt gereiniget wird, und nach dem Gesetze niemand öffentlich hingerichtet werden darf. Wenn das Schiff von widrigen Winden aufgehalten wird, so können die Verurtheilten hierdurch lange Frist gewinnen.

Der Zufall fügte es, wie ich schon vorhin gesagt, daß die Bekränzung des Schiffes einen Tag vorher geschahe, ehe Sokrates verurtheilet worden; und darum verstrich eine so geraume Zeit zwischen seiner Verurtheilung und seinem Tode.

Echekrates.
Aber den letzten Tag, Phädon! wie gieng es da? Was hat er versprochen? Was hat er gethan? Welche Freunde waren in der Todesstunde bey ihm? Oder wollten die Archonten niemanden zu ihm lassen? und verschied er, ohne einen Freund um sich zu haben?

Phädon.
Keinesweges! es waren ihrer viele zugegen.

Echekrates.

Halten dich keine Geschäfte ab, Phädon! so erzähle mir, was sich dabey zugetragen. Ich bin sehr begierig, alle Umstände von dieser wichtigen Begebenheit zu erfahren.

Phädon.

Und ich eben so willig, sie dir zu berichten. Ich habe niemals Geschäfte, so oft ich mich vom Sokrates unterhalten kann. Was ist angenehmer, als sich dieses Mannes zu erinnern, von ihm zu reden oder reden zu hören?

Echekrates.

Deine Zuhörer, Phädon! sind der nehmlichen Gesinnung. Erzähle also alles, so genau und so umständlich, als es dir möglich ist.

Phädon.

Ich war zugegen, Freund! aber mir war wunderbar zu Muthe. Ich fühlte kein Mitleiden, kein solches Beklemmen, als wir zu empfinden pflegen, wenn ein Freund in unsern Armen erblasset. Der Mann schien mir glückselig, beneidenswerth, Echekrates! so sanft, so ruhig war sein Betragen in der Todesstunde, so gelassen waren seine letzten Worte. Sein Thun dünkte mich, nicht wie eines Menschen, der vor seiner Zeit zu den Schatten des Orkus hinunter wandelt; sondern wie eines Unsterblichen, der

ver-

Erstes Gespräch.

versichert ist, da wo er hinkömmt, so glückselich zu seyn, als je einer gewesen. Wie konnte ich also die bangen Empfindungen haben, mit welchen der Anblick eines gemeinen Sterbenden unser Gemüth zu verwunden pflegt? Gleichwohl hatten die philosophischen Unterredungen unsers Lehrers damals die reine Wollust nicht, die wir an ihnen gewohnt waren. Wir empfanden eine seltsame, nie gefühlte Mischung von Lust und Bitterkeit: denn das Vergnügen ward beständig von der nagenden Empfindung unterbrochen: "Bald werden wir ihn auf ewig verlieren."

Wir Anwesenden befanden uns alle in diesem sonderbaren Gemüthszustande, und die entgegengesetzten Wirkungen desselben zeigten sich gar bald eben so sonderbar auf unsern Gesichtern. Man sah uns jetzt lachen, jetzt Thränen vergießen, und öfters zeigte sich ein Lächeln um die Lippen, und heiße Zähren in den Augen. Jedoch übertraf Apollodorus hierinnen uns alle. Du kennest ihn, und sein weichmüthiges Wesen.

Echekrates.

Wie sollte ich ihn nicht kennen?

Phädon.

Dieser machte die seltsamsten Bewegungen. Er empfand alles weit feuriger, war entzückt, wenn wir lächel-

lächelten, und wo uns die Augen wie bethauet waren, da schwamm er in Zähren. Wir wurden durch ihn fast mehr gerührt, als durch den Anblick unsers sterbenden Freundes.

Echekrates.
Wer waren denn die Anwesenden alle?

Phädon.
Von den hiesigen Stadtleuten: Apollodorus, Kritobulus und sein Vater Krito, Hermogenes, Epigenes, Aeschines, Antisthenes, Ktesippus, Menexenus und noch einige andere. Plato, glaube ich, war krank.

Echekrates.
Waren auch Fremde da?

Phädon.
Ja! aus Theben; Simmias, Cebes und Phädondes, und aus Megara; Euklides und Terpsion.

Echekrates.
Wie? waren denn Aristippus und Kleombrotus nicht da?

Phädon.
O nein! Diese sollen sich damals zu Aegine aufgehalten haben.

Echekrates.

Sonst war also niemand dabey?

Phädon.

Ich weiß mich auf keinen mehr zu besinnen.

Echekrates.

Nun, mein Lieber! was für Unterredungen sind dabey vorgefallen?

Phädon.

Ich werde dir alles vom Anfange bis zum Ende erzählen.

Wir waren gewohnt, so lange Sokrates im Gefängnisse saß, ihn täglich zu besuchen. Wir pflegten zu diesem Ende in der Gerichtsstube zusammen zu kommen, in welcher das Urtheil über ihn gesprochen worden (denn diese ist sehr nahe am Gefängnisse), und allda uns so lange mit Gesprächen zu unterhalten, bis die Kerkerthür aufgethan wird, welches denn nicht sehr früh zu geschehen pflegt. So bald diese aufgieng, begaben wir uns zum Sokrates, und brachten mehrentheils den ganzen Tag bey ihm zu. Den letzten Morgen fanden wir uns früher als gewöhnlich ein, denn wir erfuhren Abends vorher, als wir nach Hause giengen, daß das Schiff von Delos angekommen sey, und beschlossen, das letzte mal uns so früh als möglich einzustellen.

Als wir zusammen waren, kam uns der Schliesser, der die Kerkerthür zu öffnen pflegte, entgegen, bat uns, zu verziehen, und nicht hinein zu gehen, bis er rufen würde. Denn die eilf Männer, sprach er, nehmen itzt dem Sokrates die Fessel ab, und melden ihm, daß er heute sterben müsse. Nicht lange hernach kam er, uns zu rufen. Als wir hinein giengen, fanden wir den so eben losgebundenen Sokrates auf dem Bette liegend. Xantippe, du kennest sie, saß neben ihm in stiller Betrübniß, und hielt ihr Kind auf dem Schooße. Als sie uns erblickte, fieng sie an, nach Weiberart, überlaut zu jammern. Ach! Sokrates! dich sehen heute deine Freunde, und du sie zum letzten male! und ein Strom von Thränen folgte auf diese Worte. Sokrates wandte sich zum Krito, und sprach: Freund! laß sie nach Hause bringen. —

Kritons Bedienten führten sie hinweg: sie gieng und heulete, und zerschlug sich jämmerlich die Brust. Wir standen wie betäubt. Endlich richtete sich Sokrates im Bette auf, krümmte das Bein, das vorhin gefesselt war, und indem er dasselbe mit der Hand rieb, sprach er: O meine Freunde! welch ein seltsames Ding scheinet das zu seyn, was die Menschen angenehm nennen! wie wunderbar! Dem ersten Anblicke nach ist es dem Unangenehmen entgegen gesetzt, indem keine Sache dem Menschen zu gleicher Zeit angenehm

genehm und unangenehm seyn kann; und dennoch kann niemand eine von diesen Empfindungen durch die Sinne erlangen, ohne unmittelbar darauf die entgegengesetzte zu fühlen, als wenn sie an beiden Enden an einander befestiget wären. Hätte Aesopus dieses bemerkt, fuhr er fort, so hätte er vielleicht folgende Fabel erdichtet. "Die Götter wollten die streitenden „Empfindungen mit einander vereinigen: als aber „dieses sich nicht thun ließ, knüpften sie dieselben an „beiden Enden zusammen, und seit der Zeit folgen „sie sich einander beständig auf dem Fuße nach." So ergehet es mir auch itzt. Die Fessel hatten mir Schmerzen verursacht, und itzt, da sie hinweg sind, folgt die angenehme Empfindung nach.

Beym Jupiter! ergriff Cebes das Wort, gut, daß du mich erinnerst, Sokrates! Du sollst, wie man sagt, hier im Gefängnisse einige Gedichte verfertiget, nehmlich Aesopische Fabeln poetisch ausgeführet, und eine Hymne an den Apollo aufgesetzet haben. Nun fragen mich viele, und vornehmlich der Dichter Evenus, was dich hier auf die Gedanken gebracht, Gedichte zu verfertigen, da du doch solches vorher niemals gethan? Soll ich dem Evenus Bescheid geben, wenn er mich wieder fragt: (und fragen wird er gewiß,) so sage mir, was ich ihm antworten soll?

Sage ihm, o Cebes! erwiederte Sokrates, nichts als die Wahrheit: daß ich diese Gedichte keinesweges in der Absicht verfertiget, ihm in der Dichtkunst den Rang abzulaufen; denn ich weiß, wie schwer dieses ist; sondern bloß um eines Traumes willen, dem ich mir vorgenommen in allen möglichen Bedeutungen nachzuleben, und daher auch in dieser Art von Musik, in der Dichtkunst, meine Kräfte zu versuchen. Die Sache verhält sich aber folgender Gestalt. Ich hatte in vergangenen Zeiten sehr oft einen Traum, der mir unter vielerley Gestalten erschien, aber immer eben denselben Befehl gab: Sokrates! befleißige dich der Musik und übe sie aus! Bisher hielt ich diese Ermahnungen bloß für eine Aufmunterung und Anfrischung, wie man sie den Wettläufern nachzurufen pfleget. Der Traum, dachte ich, will mir nichts neues zu thun befehlen; denn die Weltweisheit ist ja die vortreflichste Musik, und dieser habe ich mich stets beflissen; er will also bloß meinen Eifer, meine Liebe zur Weisheit anfeuern, damit sie nicht erkalte. Nunmehr aber, nachdem das Urtheil über mich gesprochen worden, und das Fest des Apollo meinen Tod eine zeitlang aufgeschoben, kam mir der Gedanke ein, ob man mir nicht vielleicht der gemeinen Musik obzuliegen befohlen, und ich hatte Muße genug, diesen Gedanken nicht fruchtlos verschwinden zu lassen. Ich machte den Anfang mit einem Lobgesange auf den Gott, dessen Fest damals

ge-

Erstes Gespräch.

gefeyert ward. Allein mir fiel nachher bey, daß, wer Poet seyn will, Erdichtungen, aber nicht Vernunftsätze behandeln müsse; daß aber ein Lobgesang keine Erdichtungen enthielte. Da ich nun selbst keine Gabe zu dichten besitze; so bediente ich mich anderer Leute Erfindungen, und brachte einige Fabeln des Aesops, die mir zuerst vor die Hand kamen, in Verse. — Dieses kannst du, mein Cebes! dem Evenus antworten. Entbiete ihm auch meinen Gruß, und wenn er weise ist, so mag er mir bald folgen. Ich werde, allem Ansehen nach, auf Befehl der Athenienser noch heute abreisen.

Und dieses wünschest du dem Evenus? fragte Simmias. Ich kenne diesen Mann sehr gut, und so viel ich von ihm urtheilen kann, dürfte er dir für diesen Wunsch schlechten Dank wissen. — Wie? versetzte jener, ist denn Evenus kein Weltweiser? Mich dünkt, ja, sprach Simmias. — Nun so wird er mir gewiß gerne folgen, erwiederte Sokrates, er, und jedermann, der diesen Namen verdienet. Er wird zwar nicht selbst Hand an sich legen; denn dieses ist unerlaubt, wie einem jeden bekannt ist. — Indem er dieses sagte, ließ er beide Füße vom Bette auf die Erde herab, um in dieser Stellung die Unterredung fortzusetzen. Cebes fragte: Wie ist dieses zu verstehen? Sokrates! Es ist nicht erlaubt, sagst du, sich selbst zu entleiben, und dennoch soll jeder Weltweise einem Sterbenden gerne nachfolgen?

Wie? Cebes! sprach Sokrates: Du und Simmias, ihr habet beide den Weltweisen Philolaus

laus gehört, hat er euch denn niemals hiervon etwas gesagt?

Nichts Ausführliches, mein Sokrates!

Nun gut! Ich habe verschiedenes von der Sache gehöret, und will euch solches gerne mittheilen. Mich dünkt, wer reisen will, habe Ursach, sich nach der Beschaffenheit des Landes, dahin er zu kommen gedenkt, wohl zu erkundigen, um sich einen richtigen Begriff davon zu machen. Diese Unterredung ist also meinen jetzigen Umständen angemessen, und was könnte man auch den heutigen Tag bis Sonnen Untergang Wichtigers vornehmen?

Wodurch beweiset man, fragte Cebes, daß der Selbstmord unerlaubt sey? Philolaus und andre Lehrer haben mir zwar vielfältig eingeschärft, daß er verboten sey, aber mehr hat mir niemand davon beygebracht. —

Wohlan! Laß uns versuchen, ob wir nicht ein mehreres davon heraus bringen können. Was meynest du, Cebes! ich behaupte, daß der Selbstmord schlechterdings in allen möglichen Umständen unerlaubt sey. Wir wissen, es giebt Leute, für welche es besser wäre, gestorben zu seyn, als zu leben. Nun dürfte es dich befremden, daß die Heiligkeit der Sitten auch von diesen Unglücklichen fodern sollte, sich nicht selbst wohl zu thun, sondern eine andere wohlthätige Hand abzuwarten. — Das mag eine Stimme vom Jupiter erklären! antwortete Cebes lächelnd.

Und

Und gleichwohl ist es so schwer nicht, diese anscheinende Ungereimtheit durch Gründe zu tilgen. Was man in den Geheimnissen zu sagen pflegt, daß wir Menschen hienieden wie die Schildwachen ausgestellt wären, und also unsere Posten nicht verlassen dürften, bis wir abgelöset würden, ist zwar nicht ohne Grund, dürfte aber so leicht nicht begriffen werden. Allein ich habe einige Vernunftgründe, die nicht schwer zu fassen sind. Ich glaube als ausgemacht voraussetzen zu können, die Götter (laßt mich jetzt sagen Gott, denn wen habe ich zu scheuen?) Gott ist unser Eigenthumsherr, wir sind sein Eigenthum, und seine Vorsehung besorgt unser Bestes. Sind diese Sätze nicht deutlich?

Sehr deutlich, sprach Cebes.

Ein Leibeigener, der unter der Vorsorge eines gütigen Herrn stehet, handelt sträflich, wenn er sich den Absichten desselben widersetzt. Nicht?

Allerdings!

Vielleicht wenn ein Funken von Rechtschaffenheit in seinem Busen glimmet, muß es ihm eine wahre Freude seyn, die Wünsche seines Gebieters durch sich erfüllet zu sehen, und um so vielmehr, wenn er von der Gesinnung seines Herrn überzeugt ist, daß sein eigenes Bestes an diesen Wünschen Theil nimmt.

Unver-

Unvergleichlich! mein Sokrates! Aber wie? Cebes! als Gott den künstlichen Bau des menschlichen Leibes gewirkt, und ein vernünftiges Wesen hinein gesetzt, hatte er da böse oder gute Absichten?

Ohne Zweifel gute.

Denn er müßte sein Wesen, die selbstständige Güte, verleugnen, wenn er mit seinem Thun und Lassen böse Absichten verknüpfen könnte; und was ist ein Gott, der sein Wesen verleugnen kann?

Ein Unding, Sokrates! ein fabelhafter Gott, dem das leichtgläubige Volk wandelbare Gestalten andichtet. Ich erinnere mich der Gründe gar wohl, mit welchen du bey einer andern Gelegenheit diesen lästerlichen Irrthum bestritten.

Derselbe Gott, Cebes! der den Leib gebauet, hat ihn auch mit Kräften ausgerüstet, die ihn stärken, erhalten, und vor allzufrühem Untergange bewahren. Wollen wir auch diesen Erhaltungskräften höchst gütige Absichten zum Ziele setzen?

Wie könnten wir anders?

Als treugesinnten Leibeigenen also muß es uns eine heilige Pflicht seyn, die Absichten unsers Eigenthumsherrn zu ihrer Reife gedeihen zu lassen, sie nicht gewaltsamer Weise in ihrem Laufe zu hemmen; sondern vielmehr alle unsere freywilligen Handlungen mit denselben auf das vollkommenste übereinstimmen zu lassen.

Dar-

Erstes Gespräch.

Darum habe ich gesagt, mein lieber Cebes! daß die Weltweisheit die vortreflichste Musik sey, denn sie lehret uns, unsere Gedanken und Handlungen so einzurichten, daß sie, so viel uns möglich ist, mit den Absichten des allerhöchsten Eigenthumsherrn vollkommen übereinstimmen. Ist nun die Musik eine Wissenschaft, das Schwache mit dem Starken, das Rauhe mit dem Sanften, und das Unangenehme mit dem Angenehmen in eine Harmonie zu bringen: so kann gewiß keine Musik herrlicher und vortreflicher seyn, als die Weltweisheit, die uns lehret, nicht nur unsere Gedanken und Handlungen unter sich, sondern auch die Handlungen des Endlichen mit den Absichten des unendlichen, und die Gedanken des Erdbewohners mit den Gedanken des Allwissenden in eine große und wundervolle Harmonie zu stimmen. — O Cebes! und der verwegene Sterbliche sollte sich erdreisten, diese entzückende Harmonie zu zerstören?

Er würde den Abscheu der Götter und Menschen verdienen, mein lieber Sokrates!

Sage mir aber auch dieses, mein Trauter! Sind die Kräfte der Natur nicht Diener der Gottheit, die ihre Befehle vollstrecken?

Allerdings!

Sie sind also auch Wahrsager, die uns den Willen und die Absichten der Gottheit weit richtiger verkündigen, als die Eingeweide der Schlachtopfer; denn
das

das ist unstreitig ein Rathschluß des Allerhöchsten, wohin die von ihm erschaffene Kräfte abzielen. Nicht?

Wer kann dieses leugnen?

So lange uns also diese Wahrsager andeuten, daß die Erhaltung unsers Lebens zu den Absichten Gottes gehöre, sind wir verpflichtet, unsere freyen Handlungen denselben gemäß einzurichten, und haben weder Fug noch Recht, den Erhaltungskräften unserer Natur Gewalt anzuthun, und die Diener der obersten Weisheit in ihrer Verrichtung zu stören. Diese Schuldigkeit liegt uns so lange ob, bis Gott uns durch eben dieselben Wahrsager den ausdrücklichen Befehl zuschickt, dieses Leben zu verlassen, so wie er ihn heute mir zugeschickt hat.

Ich bin völlig überzeugt, sprach Cebes. Allein nunmehr begreife ich um so viel weniger, mein lieber Sokrates! wie du vorhin hast sagen können, ein jeder Weltweiser müsse einem Sterbenden gerne folgen wollen. Ist dieses wahr, was du itzt behauptest, daß wir ein Eigenthum Gottes sind, und daß derselbe unser Bestes besorge: so scheinet jener Satz ungereimt. Wie? soll ein vernünftiger Mann sich nicht betrüben, wenn er die Dienste eines Oberherrn verlassen muß, der sein bester und gütigster Versorger ist? Und wenn er auch hoffen könnte, durch den Tod frey, und sein eigener Herr zu werden: wie kann der

unver-

Erstes Gespräch.

unverständige Mündel sich schmeicheln, unter seiner eigenen Anführung besser zu stehen, als unter der Anführung des allerweisesten Vormundes? Ich sollte meynen, es sey vielmehr ein großer Unverstand, wenn man sich durchaus in Freyheit setzen, und auch den besten Oberherrn nicht über sich leiden will. Wer Vernunft besitzet, wird sich allezeit mit Vergnügen der Aufsicht eines andern unterwerfen, dem er bessere Einsichten zutrauet, als sich selbst. Ich würde also gerade das Gegentheil von deiner Meynung heraus: bringen. Der Weise, würde ich sagen, müsse sich betrüben, der Thor aber freuen, wenn er sterben soll.

Sokrates hörete ihm aufmerksam zu, und schien sich an seiner Scharfsinnigkeit zu ergetzen. Sodann kehrte er sich zu uns, und sprach: Cebes kann schon einem zu schaffen machen, der wider ihn etwas behaupten will. Er hat beständig Ausflüchte.

Allein diesesmal, sprach Simmias, scheinet Cebes nicht Unrecht zu haben, mein lieber Sokrates! In der That, wodurch kann ein Weiser bewogen werden, sich ohne Mißvergnügen der gütigen Vorsorge des allerweisesten Aufsehers zu entziehen? — Und wo mir recht ist, Sokrates! so zielet Cebes mit seinen Einwürfen eigentlich wider deine itzige Aufführung, der du so gelassen, so willig, nicht nur uns alle verlässest,

lässest, denen dein Tod so schmerzlich fällt; sondern dich auch der Aufsicht und Vorsorge eines solchen Beherrschers entäußerst, den du uns als das weiseste und gütigste Wesen zu verehren gelehret hast.

So? sprach Sokrates, man hat mich angeklaget, wie ich höre? Ich werde mich also wohl förmlich vertheidigen müssen?

Allerdings! sprach Simmias.

Gut! versetzte Sokrates: Ich will mich bemühen, meine jetzige Schutzrede besser einzurichten, als die, welche ich vor meinen Richtern gehalten habe.

Höre, Simmias! und du, Cebes! Hätte ich nicht Hoffnung, da, wo ich hinkomme, erstlich immer noch unter demselben gütigsten Versorger zu stehen, und zweytens, die Seelen der Verstorbenen anzutreffen, deren Umgang aller Freundschaft hienieden vorzuziehen ist: so wäre es freylich eine Thorheit, den Tod so wenig zu achten, und ihm willig in die Arme zu rennen.

So aber habe ich die allertröstlichsten Hoffnungen, daß mir beides nicht entstehen wird. Das letztere zwar getraue ich mir nicht mit aller Gewißheit zu behaupten; aber daß die Vorsehung Gottes auch da noch über mich walten werde, dieses, Freunde! behaupte ich so zuversichtlich, so gewiß, als ich in meinem

nem Leben etwas behauptet habe. Darum betrübt es mich auch nicht, daß ich verscheiden soll; denn ich weiß, daß mit dem Tode noch nicht alles für uns aus ist. Es folgt ein anderes Leben, und zwar ein solches, das, wie die alte Sage versichert, für Tugendhafte weit glückseliger seyn wird, als für Lasterhafte.

Wie da? sprach Simmias, mein lieber Sokrates! Willst du diese heilsame Versicherung im Innersten deiner Seele verschlossen mitnehmen? oder auch uns eine Lehre gönnen, die so viel tröstliches hat? Es ist billig, seinen Freunden ein so herrliches Gut mitzutheilen, und wenn du uns von deiner Meynung überzeugest, so ist auch deine Schutzrede fertig.

Ich will es versuchen, versetzte er. Doch laß uns erst den Kriton hören, der schon lange etwas sagen zu wollen scheinet.

Ich? nichts, mein Lieber! erwiederte Kriton. — Der Mann hier, der dir den Gift bringen soll, läßt mir keine Ruhe: ich soll dich bitten, nicht so viel zu reden. Man erhitzt sich so sehr, spricht er, und dann wirkt der Trank so gut nicht. Er hätte schon öfters einen zweyten oder dritten Gifttrunk bereiten müssen, für Leute, die sich das Reden nicht hätten verwehren lassen.

Laß ihn, im Namen der Götter! sprach Sokrates, hingehen und sein Amt versehen. Er halte den zweyten Gifttrunk bereit, oder den dritten, wenn er meynet. —

Diese Antwort hatte ich mir vermuthet, sprach Kriton; allein der Mensch will nicht ablassen. —

O laß ihn! versetzte Sokrates. Ich habe hier meinen Richtern Rechenschaft zu geben, warum ein Mensch, der in der Liebe zur Weisheit grau geworden, in den letzten Stunden fröhliches Muths seyn müsse, indem er sich nach dem Tode die größte Seligkeit zu versprechen hat. Mit welchem Grunde, Simmias und Cebes! ich dieses behaupte, will ich zu erklären suchen. —

Das wissen vielleicht die wenigsten, meine Freunde! daß, wer sich der Liebe zur Weisheit wahrhaftig ergeben, seine ganze Lebenszeit dazu anwendet, mit dem Tode vertrauter zu werden, sterben zu lernen. Ist aber dieses: welch eine Ungereimtheit wäre es nicht, in seinem ganzen Leben, alle Wünsche, alle Bemühungen nach einem einzigen Ziele zu lenken, und sich doch zu betrüben, wenn das längst erwünschte Ziel endlich erreicht wird?

Simmias lachte. Beym Jupiter! sprach er, Sokrates! ich muß lachen, so wenig ich auch dazu aufgelegt bin. Was du hier sagst, dürfte das Volk nicht so sehr befremden, als du meynest. Das hiesige insbesondre könnte dir sagen: wie sie gar wohl wüß-

Erstes Gespräch.

wüßten, daß die Weltweisen sterben lernen wollten, daher sie ihnen auch das wiederfahren ließen, was sie verdienten, und wornach sie sich sehneten.

Ich würde ihnen alles einräumen, Simmias! nur das nicht, daß sie es einsehen. Sie wissen nicht, was der Tod ist, nach dem die Weltweisen sich sehnen, und in wie weit sie ihn verdienen. Doch was gehen uns jene an? Ich rede itzt mit meinen Freunden.

Ist der Tod nicht etwas, das sich beschreiben und erklären läßt?

Freylich! versetzte Simmias.

Ist er aber etwas anders, als eine Trennung des Leibes und der Seele? — Sterben nehmlich heißt dieß nicht, wenn die Seele den Leib, und der Leib die Seele dergestalt verläßt, daß sie keine Gemeinschaft untereinander mehr haben, und jeder für sich bleibet? Oder weißt du deutlicher anzuzeigen, was der Tod sey?

Nein! mein Lieber!

Ueberlege einmal, Freund! ob es dir auch so vorkömmt, wie mir. Was meynest du? Wird der wahre Liebhaber der Weisheit den sogenannten Wollüsten nachhängen, und nach köstlichen Speisen und Getränken so sonderlich streben?

Nichts

Nichts weniger, antwortete Simmias.

Wird er der Liebe ergeben seyn?

Eben so wenig!

Und in Ansehung der übrigen Leibesbequemlichkeiten? Wird er in seinen Kleidern z. B. auf Pracht und Ueppigkeit sehen, oder wird er sich mit dem Nothwendigen begnügen und das Ueberflüßige nicht achten?

Was man entbehren kann, sprach jener, macht dem Weisen keine Sorgen.

Wollen wir nicht überhaupt sagen, fuhr Sokrates fort, der Weltweise suchet sich aller unnöthigen Leibessorgen zu entschlagen, um mit mehrerer Achtsamkeit der Seele warten zu können?

Warum nicht?

Er unterscheidet sich also schon hierinn von den übrigen Menschen, daß er sein Gemüth nicht ganz von den Leibesangelegenheiten fesseln läßt, sondern seine Seele zum Theil der Gemeinschaft des Leibes zu entwöhnen sucht?

Es scheint so.

Der größte Haufe der Menschen, o Simmias! wird dir sagen, daß der nicht zu leben verdiene, wer
die

Erstes Gespräch.

die Annehmlichkeiten des Lebens nicht genießen will. Das nennen sie, sich nach dem Tode sehnen, wenn man dem sinnlichen Wohlleben absagt und sich aller fleischlichen Wollust enthält.

Dieß ist die Wahrheit, Sokrates!

Ich gehe weiter. Hindert der Körper nicht öfters den Weisheitliebenden im Nachdenken, und wird er sich sonderlichen Fortgang in der Weisheit versprechen können, wenn er sich nicht von den sinnlichen Gegenständen zu erheben gelernet hat? — Ich erkläre mich. — Die Eindrücke des Gesichts und des Gehörs sind, so, wie sie uns von den Gegenständen zugeschickt werden, bloß einzelne Empfindungen, noch keine Wahrheiten; denn diese müssen erst durch allgemeine Vernunftgründe aus ihnen gezogen werden. Nicht?

Allerdings!

Auch als einzelnen Empfindungen ist ihnen nicht völlig zu trauen, und die Dichter singen mit Recht: die Sinne täuschen und begreifen nichts deutlich Was wir hören und sehen, ist voller Verwirrung und Dunkelheit. Können uns aber diese beiden Sinne keine deutlichen Einsichten gewähren: so wird der übrigen weit undeutlichern Sinnen gar nicht zu gedenken seyn.

Freylich nicht.

Wie muß es nun die Seele anfangen, wenn sie zur Wahrheit gelangen will? Wo sie sich auf die Sinne verläßt, so ist sie betrogen.

Richtig!

Sie muß also nachdenken, urtheilen, schließen, erfinden; um durch diese Mittel, so viel möglich, in das wahre Wesen der Dinge einzudringen.

Ja!

Aber wann geht das Nachdenken am besten von statten? Mich dünkt, wenn wir uns gleichsam nicht fühlen, wenn weder Gesicht noch Gehör, weder angenehme noch unangenehme Empfindungen uns an uns selbst erinnern. Alsdann ziehet die Seele ihre Aufmerksamkeit von dem Körper ab, verläßt, so viel sie kann, seine Gesellschaft, um in sich versammelt, nicht den Sinnenschein, sondern das Wesen, nicht die Eindrücke, wie sie uns zugeführet werden, sondern das, was sie wahres enthalten, zu betrachten.

Richtig!

Abermals eine Gelegenheit, bey welcher die Seele des Weisen den Leib zu meiden, und sich, so viel sie kann, von ihm zu entfernen suchen muß.

Allem Ansehen nach!

Um

Erstes Gespräch.

Um die Sache noch deutlicher zu machen: Ist das Wort allerhöchste Vollkommenheit ein blosser Begriff, oder bedeutet es ein wirkliches Wesen, das außer uns vorhanden ist?

Freylich ein wirkliches, außer uns vorhandenes, schrankenloses Wesen, dem das Daseyn vorzugsweise zukommen muß, mein Sokrates!

Und die allerhöchste Güte, und die allerhöchste Weisheit? Sind diese auch etwas Wirkliches?

Beym Jupiter! ja! Es sind unzertrennliche Eigenschaften des allervollkommensten Wesens, ohne welche jenes nicht da seyn kann.

Wer hat uns aber dieses Wesen kennen gelehret? Mit den Augen des Leibes haben wir es doch nie gesehen?

Gewiß nicht!

Wir haben es auch nicht gehört, nicht gefühlt; kein äußerlicher Sinn hat uns je einen Begriff von Weisheit, Güte, Vollkommenheit, Schönheit, Denkungsvermögen, u. s. w. zugeführet, und dennoch wissen wir, daß diese Dinge außer uns wirklich sind, ja dem allerhöchsten Grade wirklich sind. Kann uns niemand erklären, wie wir auf diese Begriffe gekommen sind? –

Simmias sprach, die Stimme Jupiters, mein lieber Sokrates! Ich werde mich abermals auf dieselbe berufen.

Wie? meine Freunde! wenn wir in jenem Zimmer eine vortrefliche Flötenstimme hören würden wir nicht hinlaufen, den Flötenspieler zu kennen, der unser Ohr so sehr zu entzücken weiß?

Vielleicht jetzo nicht, lächelte Simmias, da wir hier die vortreflichste Musik hören.

Wenn wir ein Gemälde betrachten, fuhr Sokrates fort, so wünschen wir, die Meisterhand zu kennen, die es verfertiget hat. Nun liegt in uns selbst das allervortreflichste Bild, das Götteraugen und Menschenaugen jemals gesehen, das Bild der allerhöchsten Vollkommenheit, Güte, Weisheit, Schönheit, u. s. w. und wir haben uns noch nie nach dem Maler erkundigt, der diese Bilder hineingezeichnet?

Cebes erwiederte: Ich erinnere mich einst vom Philolaus eine Erklärung gehört zu haben, die der Sache vielleicht Genüge thut.

Will Cebes seine Freunde, versetzte Sokrates, nicht an dieser Hinterlassenschaft des glückseligen Philolaus Theil nehmen lassen?

Wenn diese, sprach Cebes, die Erklärung nicht lieber von einem Sokrates hören möchten. Doch es

Erstes Gespräch.

es sey! — Alle Begriffe von unkörperlichen Dingen, sprach Philolaus, hat die Seele nicht von den äußern Sinnen, sondern durch sich selbst erlangt, indem sie ihre eigenen Wirkungen beobachtet, und dadurch ihr eigenes Wesen und ihre Eigenschaften kennen lernt. — Dieses deutlicher zu machen, habe ich ihn oft eine Erdichtung hinzusetzen hören: Laßt uns vom Homer, pflegte er zu sagen, die beiden Tonnen entlehnen, die in dem Vorsaale Jupiters liegen, aber zugleich uns die Freyheit ausbitten, sie nicht mit Glück und Unglück, sondern die zur Rechten mit wahrem Wesen, und die zur Linken mit Mangel und Unwesen anzufüllen. — So oft die Allmacht Jupiters einen Geist hervorbringen will, so schöpft er aus diesen beiden Tonnen, wirft einen Blick auf das ewige Schicksal, und bereitet, nach dessen Maßgebung, eine Mischung von Wesen und Mangel, welche die völlige Grundanlage des künftigen Geistes enthält. Daher findet sich zwischen allen Arten von geistigen Wesen eine verwundernswürdige Aehnlichkeit; denn sie sind alle aus eben den Tonnen geschöpft, und nur an der Mischung unterschieden. Wenn also unsere Seele, welche gleichfalls nichts anders ist, als eine solche Mischung von Wesen und Mangel, sich selbst beobachtet, so erlanget sie einen Begriff von dem Wesen der Geister und ihren Schranken, von Vermögen und Unvermögen, Vollkommenheit und Unvollkommenheit, von Verstand, Weisheit, Kraft,

Ab-

Abſicht, Schönheit, Gerechtigkeit und tauſend andern unkörperlichen Dingen, über welche ſie die äuſſeren Sinne in der tiefſten Unwiſſenheit laſſen würden.

Wie unvergleichlich! verſetzte Sokrates. Siehe, Cebes! Du beſitzeſt einen ſolchen Schatz, und wollteſt mich ſterben laſſen; ohne mir denſelben einmal zu zeigen! — Doch laß ſehen, wie wir ihn noch vor dem Tode genieſen wollen. Philolaus ſagte alſo: Die Seele erkennet ihre Nebengeiſter, indem ſie ſich ſelbſt beobachtet. Nicht?

Ja!

Und ſie erlanget Begriffe von unkörperlichen Dingen, indem ſie ihre eigenen Fähigkeiten auseinander ſetzt, und jeder, um ſie deutlicher unterſcheiden zu können, einen beſondern Namen giebt?

Allerdings.

Wenn ſie aber ein höheres Weſen, als ſie ſelbſt iſt, einen Dämon z. B. ſich denken will, wer wird ihr die Begriffe dazu hergeben?

Cebes ſchwieg, und Sokrates fuhr fort: Habe ich die Meynung des Philolaus anders recht begriffen, ſo kann ſich die Seele zwar niemals von einem höhern Weſen, als ſie ſelbſt iſt, oder nur von einer höhern Fähigkeit, als ſie ſelbſt beſitzet, einen der Sache gemäßen Begriff machen; allein ſie kann gar

wohl

wohl überhaupt die Möglichkeit eines Dinges begreifen, dem mehr Wesen und weniger Mängel zu Theile worden, als ihr selbst, das heißt, welches vollkommener ist, als sie; oder hast du es vielleicht vom Philolaus anders gehört?

Nein!

Und von dem allerhöchsten Wesen, von der allerhöchsten Vollkommenheit hat sie auch nicht mehr, als diesen Schimmer einer Vorstellung. Sie kann das Wesen desselben nicht in seinem ganzen Umfange begreifen*); aber sie denkt ihr eigenes Wesen, das, was sie

---

*) Einige Weltweise wollen uns durch die Betrachtung demüthigen, daß wir von Gott nicht wissen, was er ist, sondern was er nicht ist, und stellen durch eine unmerkliche Verdrehung die Sache so vor, als wenn wir von Gott und seinen Eigenschaften gar nichts wüßten. Nun ist es nicht zu läugnen, daß wir von dem wahren Begriffe einer Sache noch weit entfernt seyn können, wenn wir auch wissen, daß sie dieses, oder jenes nicht sey. Allein wie oft ist nicht schon mit Grunde angemerkt worden, daß wir dem vollkommensten Wesen nur Mängel und Einschränkungen absprechen, und diese Art von Verneinungen den Werth wahrer Bejahungen habe. Daß wir zuweilen für gut
fin-

sie Wahres, Gutes, und Vollkommenes hat, trennet
es in Gedanken von dem Mangel und Unwesen, mit
welchem es in ihr vermischt ist, und geräth dadurch
auf den Begriff eines Dinges, das lauter Wesen,
lauter Wahrheit, lauter Güte und Vollkommenheit
ist. —

Appol-

finden, die Eigenschaften Gottes verneinungsweise
auszudrücken, ist eigentlich dem Ursprung unserer
Begriffe von Gott zuzuschreiben, als welche die
Verneinung unserer eigenen Mängel und Schwachheiten zum Grunde haben. Das Wort unveränderlich z. B. ist die Verneinung einer Unvollkommenheit, und im Grunde ein positiver Begriff,
nehmlich immer dasselbe; aber wir drücken diesen Begriff verneinungsweise aus, weil wir durch
die Verneinung der uns beywohnenden Veränder-
lichkeit darauf gekommen sind. In diesem Verstande ist also der angeführte Satz ein bloßer Einfall, der der Wahrheit keinen Eintrag thun muß.
Will man aber nur so viel sagen, daß wir von den
positiven Eigenschaften Gottes keine Anschauung,
keine selbstgefühlte Vorstellung haben; so wird
dieses willig zugegeben, jedoch mit Verzicht auf
die Folgen, die mancher aus diesem an sich zwar
unschuldigen, aber spielend ausgedrückten Satze
hat

Erstes Gespräch.

Appollodorus, der bisher alle Worte des Sokrates leise nachgesprochen hatte, gerieth hier in Entzückung, und wiederholte laut: das lauter Wesen, lauter Wahrheit, lauter Güte, lauter Vollkommenheit ist.

Und

hat ziehen wollen. Das wenige, was uns von den göttlichen Eigenschaften bekannt ist, verliert dadurch weder seine Wahrheit noch Gewißheit, weder Leben noch Ueberzeugung. Können wir gleich die Unendlichkeit der göttlichen Vollkommenheiten nie selbst fühlen; so haben wir doch durch die innere Anschauung unserer selbst die Grundlage zu diesen Vollkommenheiten kennen lernen, und diese anschauend erkannte Grundlage mit der hinzugefügten symbolischen Absonderung der Mängel und Einschränkungen geben einer Menge von Lehrsätzen und Folgen ihre ausgemachte Gewißheit. Saunderson hatte keine selbstgefühlte Vorstellung vom Lichte; aber die allgemeine Aehnlichkeit des Gesichts mit den übrigen Sinnen machte es möglich, ihm einige Merkmale der Lichtstrahlen durch Worte beyzubringen, und die ganze Theorie der Optik, die er seinen Zuhörern aus diesen Grundbegriffen erklärte, war nichts desto weniger unumstößlich.

Und Sokrates fuhr fort: Sehet ihr, meine Freunde, wie weit sich der Weisheitliebende von den Sinnen und ihren Gegenständen entfernen muß, wenn er das begreifen will, was zu begreifen wahre Glückseligkeit ist, das allerhöchste und vollkommenste Wesen? In dieser Gedankenjagd muß er Augen und Ohren verschließen, Schmerz und Sinnenlust ferne von seiner Achtsamkeit seyn lassen, und wenn es möglich wäre, seines Leibes ganz vergessen, um desto einsamer sich ganz auf seine Seelenvermögen und ihre innere Wirksamkeit einzuschränken.

Der Leib ist seinem Verstande bey dieser Untersuchung nicht nur ein unnüklicher, sondern auch ein beschwerlicher Gesellschafter: denn jetzt sucht er weder Farbe noch Größe, weder Töne noch Bewegung, sondern ein Ding, das alle mögliche Farben, Größen, Töne und Bewegungen, und, was noch weit mehr ist, alle mögliche Geister sich aufs deutlichste vorstellet, und in allen ersinnlichen Ordnungen hervorbringen kann. Welch ein unbehülflicher Gefährte ist der Körper auf dieser Reise?

Wie erhaben! rief Simmias, aber auch wie wahr!

Die wahren Weltweisen, sprach Sokrates, die diese Gründe in Erwägung ziehen, können nicht anders, als diese Meynung hegen, und einer zum an-

andern sprechen: Siehe! hier ist ein Irrweg, der uns immer vom Ziele weiter weg führet, und alle unsere Hoffnungen vereitelt. Wir sind versichert, daß die Erkänntniß der Wahrheit unser einziger Wunsch sey. Aber so lange wir uns hier auf Erden mit dem Leibe schleppen; so lange unsere Seele noch mit dieser irrdischen Seuche behaftet ist; können wir uns unmöglich schmeicheln, diesen Wunsch ganz erfüllt zu sehen. Wir sollen die Wahrheit suchen. Leider! läßt uns der Körper wenig Muße zu dieser wichtigen Unternehmung. Heute fordert sein Unterhalt unsere ganze Sorge; morgen fechten ihn Krankheiten an, die uns abermals stören; so dann folgen andere Leibesangelegenheiten, Liebe, Furcht, Begierden, Wünsche, Grillen und Thorheiten, die uns unaufhörlich zerstreuen, die unsere Sinnen von einer Eitelkeit zur andern locken, und uns nach dem wahren Gegenstande unserer Wünsche, nach der Weisheit, vergebens schmachten lassen. Wer erregt Krieg, Aufruhr, Streit und Uneinigkeit unter den Menschen? Wer anders, als der Körper, und seine unersättlichen Begierden? Denn die Habsucht ist die Mutter aller Unruhen, und unsere Seele würde niemals nach eigenthümlichen Besitzungen geizen, wenn sie nicht für die hungrigen Begierden ihres Leibes zu sorgen hätte. Solchergestalt sind wir die meiste Zeit beschäftiget, und haben selten Muße zur Weltweisheit. Endlich, erzielet man auch irgend eine müßige Stunde, und

F macht

macht sich bereit, die Wahrheit zu umarmen: so stehet uns abermals dieser Störer unsrer Glückseligkeit, der Leib, im Wege, und bietet uns seine Schatten, statt der Wahrheit, an. Die Sinne halten uns, wider unsern Dank, ihre Scheinbilder vor, und erfüllen die Seele mit Verwirrung, Dunkelheit, Trägheit und Aberwitz: und sie soll in diesem allgemeinen Aufruhr gründlich nachdenken und die Wahrheit erreichen? unmöglich! Wir müssen also die seligen Augenblicke abwarten, in welchen Stille von Außen und Ruhe von Innen uns das Glück verschafft, den Leib völlig aus der Acht zu schlagen, und mit den Augen des Geistes nach der Wahrheit hinzusehen. Aber wie selten, und wie kurz sind auch diese seligen Augenblicke! —

Wir sehen ja deutlich, daß wir das Ziel unserer Wünsche, die Weisheit, nicht eher erreichen werden, als nach unserm Tode; beym Leben ist keine Hoffnung dazu. Denn kann anders die Seele, so lange sie im Leibe wohnet, die Wahrheit nicht deutlich erkennen, so müssen wir eines von beiden setzen: entweder, wir werden sie niemals erkennen, oder, wir werden sie nach unserm Tode erkennen, weil die Seele alsdann den Leib verläßt, und vermuthlich in dem Fortgange zur Weisheit weit weniger aufgehalten wird. Wollen wir uns aber in diesem Leben zu jener seligen Erkenntniß vorbereiten, so müssen wir unterdessen dem

Leibe

Leibe nicht mehr gewähren, als was die Nothwendigkeit erfordert; wir müssen uns seiner Begierden und Lüste enthalten, und uns, so oft als möglich, im Nachdenken üben, bis es dem Allerhöchsten gefallen wird, uns in Freyheit zu setzen. Alsdann können wir hoffen, von den Thorheiten des Leibes befreyet, die Quelle der Wahrheit, das allerhöchste und vollkommenste Wesen, mit lautern und heiligen Sinnen zu beschauen, indem wir vielleicht andere neben uns eben derselben Glückseligkeit geniessen sehen. — Diese Sprache, mein lieber Simmias! dürfen die wahren Wissensbegierigen unter einander führen, wenn sie sich von ihren Angelegenheiten besprechen, und diese Meynung müssen sie auch hegen, wie ich glaube; oder dünkt es dich anders?

Nicht anders, mein Sokrates!

Wenn aber dem also ist, mein Lieber! hat ein solcher, der mir heute nachfolget, nicht große Hoffnung, da wo wir hinkommen, besser als irgend wo, das zu erlangen, wornach er im gegenwärtigen Leben so sehr gerungen?

Allerdings!

Ich kann also meine Reise heute mit guter Hoffnung antreten, und jeder Wahrheitliebender mit mir, wenn er bedenkt, daß ihm ohne Reinigung und Vorbereibereitung kein freyer Zutritt zu den Geheimnissen der Weisheit verstattet wird.

Dieses kann nicht geleugnet werden, sprach Simmias.

Diese Reinigung aber ist nichts anders, als die Entfernung der Seele von dem Sinnlichen, und anhaltende Uebung über das Wesen und die Eigenschaften der Seele selbst Betrachtungen anzustellen, ohne sich darinn etwas, das nicht die Seele ist, irren zu lassen; mit einem Worte, die Bemühung, sowohl in diesem als in dem zukünftigen Leben, die Seele von den Fesseln des Leibes zu befreyen, damit sie ungehindert sich selbst betrachten, und dadurch zur Erkenntniß der Wahrheit gelangen möge.

Allerdings!

Die Trennung des Leibes von der Seele nennet man den Tod.

Freylich.

Die wahren Liebhaber der Weisheit wenden also alle ersinnliche Mühe an, sich dem Tode, so viel sie können, zu nähern, sterben zu lernen. Nicht?

Es scheinet so.

Wäre es nun aber nicht höchst ungereimt, wenn ein Mensch, der in seinem ganzen Leben nichts gelernet,

net, als die Kunst zu sterben, wenn ein solcher, sage ich, zuletzt sich betrüben wollte, da er den Tod sich nahen sieht; wäre es nicht lächerlich?

Unstreitig.

Also Simmias! muß den wahren Weltweisen der Tod niemals schrecklich, sondern allezeit willkommen seyn. — Die Gesellschaft des Leibes ist ihnen bey allen Gelegenheiten beschwerlich; denn wofern sie den wahren Entzweck ihres Daseyns erfüllen wollen, so müssen sie suchen die Seele vom Leibe zu trennen, und gleichsam in sich selbst zu versammeln. Der Tod ist diese Trennung, die längstgewünschte Befreyung von der Gesellschaft des Leibes. Welche Ungereimtheit also, bey Herannahung desselben zu zittern, sich zu betrüben! Getrost nd fröhlich vielmehr müssen wir dahin reisen, wo wir Hoffnung haben, unsre Liebe zu umarmen, ich meyne die Weisheit, und des überlästigen Gefährten los zu werden, der uns so vielen Kummer verursacht hat. Wie? gemeine und unwissende Leute, denen der Tod ihre Gebieterinnen, ihre Weiber oder ihre Kinder geraubt, wünschen in ihrer Betrübniß nichts sehnlicher, als die Oberwelt verlassen und zu dem Gegenstande ihrer Liebe, oder ihrer Begierden, hinabsteigen zu können: und diese, die gewisse Hoffnung haben, ihre Liebe nirgend in solchem Glanze zu erblicken, als in jenem Leben, diese sind voller Angst? diese beben? und treten nicht vielmehr

mit

mit Freuden die Reise an? O nein! mein Lieber, nichts ist ungereimter, als ein Weltweiser, der den Tod fürchtet.

Beym Jupiter! ganz vortreflich, rief Simmias.

Zittern und voller Angst seyn, wenn der Tod winkt, kann dieses nicht für ein untrügliches Kennzeichen genommen werden, daß man nicht die Weisheit, sondern den Leib, das Vermögen, die Ehre, oder alle drey zusammen liebet?

Ganz untrüglich.

Wem geziemet die Tugend, die wir Mannhaftigkeit nennen, mehr als dem Weltweisen?

Niemanden!

Und die Mäßigkeit, diese Tugend, die in der Fertigkeit bestehet, seine Begierden zu bezähmen, und in seinem Thun und Lassen eingezogen und sittsam zu seyn, wird sie nicht vornehmlich bey dem zu suchen seyn, der seinen Leib nicht achtet, und blos in der Weltweisheit lebt und webt?

Nothwendig, sprach er.

Aller übrigen Menschen Mannhaftigkeit und Mäßigkeit wird dir ungereimt scheinen, wenn du sie näher betrachtest.

Wie so? mein Sokrates!

Du

Du weißt, versetzte er, daß die mehresten Menschen den Tod für ein sehr großes Uebel halten.

Richtig, sprach er.

Wenn also diese, so genannten tapfern und mannhaften Leute, unerschrocken sterben, so geschiehet es bloß aus Furcht eines noch größern Uebels.

Nicht anders.

Also sind alle Mannhaften, außer den Weltweisen, bloß aus Furcht unerschrocken. Ist aber eine Unerschrockenheit aus Furcht nicht höchst ungereimt?

Dieses ist nicht zu leugnen.

Mit der Mäßigkeit hat es dieselbe Beschaffenheit. Aus Unmäßigkeit leben sie mäßig und enthaltsam. Man sollte dieses für unmöglich halten, und dennoch trifft es bey dieser unvernünftigen Mäßigkeit völlig ein. Sie enthalten sich gewisser Wollüste, um andere, nach welchen sie gieriger sind, desto ungestörter genießen zu können. Sie werden Herren über jene, weil sie von diesen Knechte sind. Frage sie, sie werden dir freylich sagen, sich von seinen Begierden beherrschen zu lassen, sey Unmäßigkeit; allein sie selbst haben die Herrschaft über gewisse Begierden nicht anders erlangt, als durch die Sklaverey gegen andere, die noch ausgelassener sind. Heißet nun dieses nicht gewisser maßen aus Unmäßigkeit enthaltsam seyn?

Allem Ansehen nach.

O mein

O mein theurer Simmias! Wollust gegen Wollust, Schmerz gegen Schmerz, und Furcht gegen Furcht vertauschen, gleichsam, wie Münze, für ein großes Stück viele kleine einwechseln: dieß ist nicht der Weg zur wahren Tugend. Die einzige Münze, die gültig ist, und für welche man alles andere hingeben muß, ist die Weisheit. Mit dieser schafft man sich alle übrigen Tugenden an: Tapferkeit, Mäßigkeit, und Gerechtigkeit. Ueberhaupt, bey der Weisheit ist wahre Tugend, wahre Herrschaft über die Begierden, über die Verabscheuungen, und über alle Leidenschaften; ohne Weisheit aber erlanget man nichts, als einen Tausch der Leidenschaften gegen eine leidige Schattentugend, die dem Laster Sklavendienste thun muß, und an sich selbst nichts Gesundes und Wahres mit sich führet. Die wahre Tugend ist eine Heiligung der Sitten, eine Reinigung des Herzens, kein Tausch der Begierden. Gerechtigkeit, Mäßigkeit Mannhaftigkeit, Weisheit, sind kein Tausch der Laster gegen einander. Unsere Vorfahren, welche die Teleten, oder die *vollkommenen Versöhnungsfeste* gestiftet, müssen, allem Ansehen nach, sehr weise Männer gewesen seyn: denn sie haben durch diese Räthsel zu verstehen geben wollen, daß, wer unversöhnt und ungeheiliget die Oberwelt verläßt, die härteste Strafe auszustehen habe; der Geläuterte und Versöhnte aber nach seinem Tode unter den Göttern wohnen werde. Die mit diesen Versöhnungsgeheim-
nissen

nissen umgehen, pflegen zu sagen: Es giebt viele Thyrsusträger, aber wenig Begeisterte; und meines Erachtens verstehet man unter den Begeisterten diejenigen, die sich der wahren Weisheit gewidmet. Ich habe in meinem Leben nichts gespart, sondern unabläßig gestrebt, einer von diesen Begeisterten zu seyn; ob mein Bemühen fruchtlos gewesen, oder in wie weit mir mein Vorhaben gelungen, werde ich da, wo ich hinkomme, am besten erfahren, und so Gott will, in kurzer Zeit. —

Dieses ist meine Vertheidigung, Simmias und Cebes! warum ich meine besten Freunde hienieden ohne Betrübniß verlasse, und bey Herannahung der Todesstunde so wenig zittere. Ich glaube, allda bessere Freunde und ein besseres Leben zu finden, als ich hier zurück lasse, so wenig auch dieses beym gemeinen Haufen Glauben finden wird.

Hat nun meine jetzige Schutzrede bessern Eingang gefunden, als jene, die ich vor den Richtern der Stadt gehalten, so bin ich vollkommen vergnügt.

Sokrates hatte ausgeredet, und Cebes ergriff das Wort: Es ist wahr, Sokrates! du hast dich vollkommen gerechtfertiget; allein was du von der Seele behauptest, muß vielen unglaublich scheinen; denn sie halten insgemein dafür, die Seele sey nirgend mehr anzutreffen, so bald sie den Körper verlassen, sondern werde, gleich nach dem Tode des Menschen, aufgelöset und zernichtet. Sie steige, wie ein Hauch, wie ein feiner Dampf, aus dem Körper in die obere Luft, allwo sie vergehe, und völlig aufhöre zu seyn. Könnte es ausgemacht werden, daß die Seele für sich bestehen kann, und nicht nothwendig mit diesem Leibe verbunden seyn muß: so hätten die Hoffnungen, die du dir machest, eine nicht geringe Wahrscheinlichkeit; denn so bald es mit uns nach dem Tode besser werden kann: so hat der Tugendhafte auch gegründete Hoffnungen, daß es mit ihm wirklich besser werden wird. Allein die Möglichkeit selbst ist schwer zu begreifen, daß die Seele nach dem Tode noch denken, daß sie noch Willen und Verstandeskräfte haben soll; dieses also, mein Sokrates! erfodert noch einigen Beweis.

Du hast Recht, Cebes! versetzte Sokrates. Allein was ist zu thun? Wollen wir etwa überlegen, ob wir einen Beweis finden können, oder nicht?

Ich bin sehr begierig, sprach Cebes, deine Gedanken hierüber zu vernehmen.

Wenigstens kann derjenige, erwiederte Sokrates, der unsere Unterredung höret, und wenn es auch ein Komödienschreiber wäre, mir nicht vorwerfen, ich beschäftige mich mit Grillen, die weder nützlich noch erheblich sind. Die Untersuchung, die wir

itzt

ißt anstellen wollen, ist vielmehr so wichtig, daß uns jeder Dichter gern erlauben wird, um den Beystand einer Gottheit zu flehen, bevor wir zum Werke schreiten. — Er schwieg, und saß eine Weile in Andacht vertieft; sodann sprach er: Doch, meine Freunde! mit lauterm Herzen die Wahrheit suchen, ist die würdigste Anbetung der einzigen Gottheit, die uns Beystand leisten kann. Zur Sache also! Der Tod, o Cebes! ist eine natürliche Veränderung des menschlichen Zustandes, und wir wollen ißt untersuchen, was bey dieser Veränderung so wohl mit dem Leibe des Menschen, als mit seiner Seele vorgehet. Nicht?

Richtig!

Sollte es nicht rathsam seyn, erst überhaupt zu erforschen, was eine natürliche Veränderung ist, und wie die Natur ihre Veränderungen nicht nur in Ansehung des Menschen, sondern auch in Ansehung der Thiere, Pflanzen, und leblosen Dinge hervor zu bringen pflegt? Mich dünkt, wir werden auf diese Weise näher zu unserm Entzwecke kommen.

Der Einfall scheinet nicht unglücklich, versetzte Cebes; wir müssen also fürs erste eine Erklärung suchen, was Veränderung sey

Mich dünkt, sprach Sokrates, wir sagen, ein Ding habe sich verändert, wenn unter zwoen entgegen gesetzten Bestimmungen, die ihm zukommen können,

nen, die eine aufhöret, und die ander anfängt wirklich zu seyn. Z. B. schön und häßlich, gerecht und ungerecht, gut und böse, Tag und Nacht, schlafen und wachen, sind dieses nicht entgegen gesetzte Bestimmungen, die bey einer und eben derselben Sache möglich sind?

Ja!

Wenn eine Rose welkt und ihre schöne Gestalt verlieret: sagen wir alsdann nicht, sie habe sich verändert?

Allerdings!

Und wenn ein ungerechter Mann seine Lebensart verändern will, muß er nicht eine entgegengesetzte annehmen, und gerecht werden?

Wie anders?

Auch umgekehrt, wenn durch eine Veränderung etwas entstehen soll, so muß vorhin das Widerspiel davon da gewesen seyn. So wird es Tag, nachdem es vorhin Nacht gewesen, und hinwiederum Nacht, nachdem es vorhin Tag gewesen; ein Ding wird schön, groß, schwer, ansehnlich u. s. w. nachdem es vorhin häßlich, klein, leicht, unansehnlich gewesen ist. Nicht?

Ja!

Eine

Erstes Gespräch.

Eine Veränderung heißt also überhaupt nichts anders, als die Abwechselung der entgegengesetzten Bestimmungen, die an einem Dinge möglich sind. Wollen wir es bey dieser Erklärung bewenden lassen? Cebes scheinet noch unentschlossen —

Eine Kleinigkeit, mein lieber Sokrates! Das Wort entgegengesetzte macht mir einiges Bedenken. Ich sollte nicht glauben, daß schnurstracks entgegengesetzte Zustände unmittelbar auf einander folgen könnten.

Richtig! versetzte Sokrates! Wir sehen auch, daß die Natur in allen ihren Veränderungen einen Mittelzustand zu finden weiß, der ihr gleichsam zum Uebergange dienet, von einem Zustande auf den entgegengesetzten zu kommen. Die Nacht folgt z. B. auf den Tag, vermittelst der Abenddemmerung, so wie der Tag auf die Nacht, vermittelst der Morgendemmerung. Nicht?

Freylich.

Das Große wird in der Natur klein, vermittelst der allmäligen Abnahme, und das Kleine hinwiederum groß, vermittelst des Anwachses.

Richtig.

Wenn wir auch in gewissen Fällen diesem Uebergange keinen besondern Namen gegeben: so ist doch nicht zu zweifeln, daß er wirklich vorhanden seyn müsse, wenn ein Zustand natürlicher Weise mit seinem

Wider-

Widerspiel abwechseln soll: denn muß nicht eine Veränderung, die natürlich seyn soll, durch die Kräfte, die in die Natur gelegt sind, hervorgebracht werden?

Wie könnte sie sonst natürlich heißen?

Diese ursprüngliche Kräfte aber sind stets wirksam, stets lebendig; denn wenn sie nur einen Augenblick entschliefen, so würde sie nichts als die Allmacht zur Thätigkeit aufwecken können. Was aber nur die Allmacht thun kann, wollen wir dieses natürlich nennen?

Wie könnten wir? sprach Cebes.

Was die natürlichen Kräfte also itzt hervorbringen, mein Lieber! daran haben sie schon von je her gearbeitet; denn sie waren niemals müßig, nur daß ihre Wirkung erst nach und nach sichtbar geworden. Die Kraft der Natur z. B. die die Tageszeiten verändert, arbeitet schon itzt daran, nach einiger Zeit die Nacht auf den Horizont zu führen, aber sie nimmt ihren Weg durch Mittag und Abend, welches die Uebergänge sind vor der Geburt des Tages bis auf seinen Tod.

Richtig.

Im Schlafe selbst arbeiten die Lebenskräfte schon an der künftigen Erwachung, so wie sie im wachenden Zustande den künftigen Schlaf vorbereiten.

Dieses ist nicht zu leugnen.

Und

Und überhaupt, wenn ein Zustand natürlicher Weise auf sein Widerspiel erfolgen soll, wie solches bey allen natürlichen Veränderungen geschiehet: so müssen die stets wirksamen Kräfte der Natur schon vorher an dieser Veränderung gearbeitet, und den vorhergehenden Zustand gleichsam mit dem zukünftigen beschwängert haben. Folgt nicht hieraus, daß die Natur alle mittlern Zustände mitnehmen muß, wenn sie einen Zustand mit seinem Widerspiel ablösen will?

Ganz unleugbar.

Ueberlege es wohl, mein Freund! damit hernach kein Zweifel entstehe, ob nicht Anfangs zu viel nachgegeben worden. Wie erfodern zu jeder natürlichen Veränderung dreyerley: einen vorhergehenden Zustand des Dinges, das verändert werden soll, einen darauf folgenden, der jenem entgegen gesetzt ist, und einen Uebergang, oder die zwischen beiden liegenden Zustände, die der Natur von einem auf den andern gleichsam den Weg bahnen. Wird dieses zugegeben?

Ja, ja! rief Cebes. Ich sehe nicht ab, wie man an dieser Wahrheit sollte zweifeln können.

Laß sehen, erwiederte Sokrates, ob dir folgendes eben so unleugbar scheinen wird? Mich dünkt, alles Veränderliche könne keinen Augenblick unverändert bleiben; sondern, indem die Zeit ohne zu ruhen fortellet, und das Künftige beständig zu
dem

dem Vergangenen zurück sendet, so verwandelt sie auch zugleich alles Veränderliche, und zeigt es jeden Augenblick unter einer neuen Gestalt. Bist du nicht auch dieser Meynung? Cebes!

Sie ist wenigstens wahrscheinlich.

Mir scheinet sie unwidersprechlich. Denn alles Veränderliche, wenn es eine Wirklichkeit, und kein bloßer Begriff ist, muß eine Kraft haben, etwas zu thun, und ein Geschicke, etwas zu leiden. Nun mag es thun oder leiden, so wird etwas an ihm anders, als es vorhin gewesen; und da die Kräfte der Natur niemals in Ruhe sind: was könnte den Strom der Vergänglichkeit nur einen Augenblick in seinem Laufe hemmen?

Itzt bin ich überzeugt.

Das thut der Wahrheit keinen Eintrag, daß uns gewisse Dinge oft eine Zeit lang unverändert scheinen; denn scheinet uns doch auch eine Flamme eben dieselbe, und dennoch ist sie nichts anders, als ein Feuerstrom, der aus dem brennenden Körper ohne Unterlaß empor steigt, und unsichtbar wird. Die Farben kommen unsern Augen öfters wie unverändert vor, und gleichwohl wechselt beständig neues Sonnenlicht mit dem vorigen ab. Wenn wir aber die Wahrheit suchen, so müssen wir die Dinge nach der Wirklichkeit, nicht aber nach dem Sinnenschein beurtheilen.

Beym

Erstes Gespräch.

Beym Jupiter! versetzte Cebes, diese Wahrheit öffnet uns eine so neue als reizende Aussicht in die Natur der Dinge. Meine Freunde! fuhr er fort, indem er sich zu uns wandte, die Anwendung von dieser Lehre auf die Natur unserer Seele scheinet die wichtigsten Folgen zu versprechen.

Ich habe noch einen einzigen Satz voraus zu schicken, versetzte Sokrates, ehe ich auf diese Anwendung komme. Das Veränderliche, haben wir eingestanden, kann keinen Augenblick unverändert bleiben; sondern, so wie die vergangene Zeit älter wird, so wächst auch die aneinander hängende Reihe der Abänderungen, die da gewesen sind. Nun überlege, Cebes! folgen die Augenblicke der Zeit in einer getrennten, oder stätigen Reihe auf einander?

Ich begreife nicht, sprach Cebes, was du sagen willst. —

Beyspiele werden dir meine Gedanken deutlicher machen. Die Fläche des stillen Wassers scheinet uns in einem fortzugehen, und jedes Wässertheilchen mit denen, die um ihn sind, gemeinschaftliche Grenzen zu haben; dahingegen ein Sandhügel aus vielen Körnlein bestehet, deren jedes seine eigene Grenzen hat. Nicht?

Dieses ist begreiflich.

Wenn

Wenn ich das Wort Cebes ausspreche, folgen hier nicht zwo vernehmliche Sylben auf einander, zwischen welchen keine dritte anzutreffen ist?

Richtig!

Das Wort Cebes also gehet nicht in einem fort; sondern die Sylben, aus welchen es bestehet, folgen in einer unstätigen Verbindung auf einander, und jede hat ihre eigene Grenzen.

Richtig!

Aber in dem Begriffe, den mein Geist mit diesem Worte verbindet, giebt es auch hier Theile, die ihre eigene Grenzen haben?

Mich dünkt, nein!

Und mit Recht, denn alle Theile und Merkmale eines zusammengesetzten Begriffes fließen so in einander, daß sich keine Grenzen angeben lassen, wo dieses aufhört, jenes anfängt, sie machen also zusammen ein stätiges Ganze aus; da hingegen jede Sylbe ihre bestimmten Grenzen hat, und ihrer viele, die zusammenkommen, ein Wort auszumachen, in einer unstätigen Reihe auf einander folgen.

Dieses ist vollkommen deutlich.

Ich frage also von der Zeit: Ist sie mit dem ausgesprochenen Wort, oder mit dem Begriffe zu vergleichen?

chen? Folgen ihre Augenblicke in einer stätigen, oder unstätigen Ordnung auf einander?

In einer stätigen, erwiederte Cebes.

Freylich, versetzte Simmias; denn durch die Folge unserer Begriffe erkennen wir ja die Zeit; wie ist es also möglich, daß die Natur der Folge in der Zeit und in den Begriffen nicht einerley seyn sollte?

Die Theile der Zeit, fuhr Sokrates fort, gehen also in einem fort, und haben gemeinschaftliche Grenzen?

Richtig!

Das kleinste Zeittheilchen ist eine solche Folge von Augenblicken, läßt sich in noch kleinere Theile zerlegen, die immer noch alle Eigenschaften der Zeit behalten. Nicht?

Es scheinet.

Es giebt also auch keine zwo Augenblicke, die sich einander die nächsten sind, das heißt, zwischen welchen sich nicht noch ein dritter gedenken ließe?

Dieses folget aus dem Zugestandenen.

Gehen die Bewegungen, und überhaupt alle Veränderungen in der Natur, nicht mit der Zeit in gleichen Schritten fort?

Ja!

Sie

Sie folgen also, wie die Zeit, in einer stätigen Verbindung auf einander?

Richtig!

Es wird daher auch keine zween Zustände geben, die sich einander die nächsten sind, das heißt, zwischen welchen nicht noch ein dritter anzutreffen sey?

Es scheinet also.

Unsern Sinnen kömmt es freylich so vor, als wenn die Veränderungen der Dinge ruckweise geschähen, indem sie solche nicht eher, als nach merklichen Zwischenzeiten wahrnehmen; allein die Natur gehet nichts desto weniger ihren Weg, und verändert die Dinge allmälig, und in einer stätigen Folge auf einander. Der kleinste Theil dieser Folge ist selbst eine Folge von Veränderungen, und man mag zween Zustände so dicht an einander setzen, als man will; so giebt es immer noch einen Uebergang dazwischen, der sie mit einander verbindet, der der Natur von einem auf den andern gleichsam den Weg zeigt.

Ich begreife dieses alles sehr wohl, sprach Cebes.

Meine Freunde! rief Sokrates, itzt ist es Zeit, uns unserm Vorhaben zu nähern. Wir haben Gründe gesammelt, die für unsere Ewigkeit streiten sollen, und ich verspreche mir einen gewissen Sieg. Wollen wir aber nicht, nach Gewohnheit der Feldherren, ehe

wir

Erstes Gespräch.

wir zum Treffen kommen, unsere Macht noch einmal übersehen, um ihre Stärke und Schwäche desto genauer kennen zu lernen?

Apollodorus bat sehr um eine kurze Wiederholung.

Die Sätze, sprach Sokrates, deren Richtigkeit wir nicht mehr in Zweifel ziehen, sind diese:

1) Zu einer jeden natürlichen Veränderung wird dreyerley erfordert: 1) Ein Zustand eines veränderlichen Dinges, der aufhören, 2) ein anderer, der seine Stelle vertreten soll, und 3) die mittlern Zustände, oder der Uebergang, damit die Veränderung nicht plötzlich, sondern allmählig geschehe.

2) Was veränderlich ist, bleibet keinen Augenblick, ohne wirklich verändert zu werden.

3) Die Folge der Zeit gehet in einem fort, und es giebt keine zween Augenblicke, die sich einander die nächsten sind.

4) Die Folge der Veränderungen kömmt mit der Folge der Zeit überein, und ist ebenfalls so stätig, so aneinanderhängend, daß man keine Zustände angeben kann, die sich einander die nächsten wären, oder zwischen welchen nicht ein Uebergang

gang Statt finden sollte. Sind wir nicht über diese Punkte einig worden?

Ja! sprach Cebes.

Leben und Tod, mein lieber Cebes! versetzte Sokrates, sind entgegengesetzte Zustände: nicht?

Freylich!

Und das Sterben der Uebergang vom Leben zum Tode?

Freylich!

Diese große Veränderung trifft vermuthlich die Seele sowohl als den Leib: denn beide Wesen standen in diesem Leben in der genauesten Verbindung.

Allem Ansehen nach.

Was mit dem Leibe nach dieser wichtigen Begebenheit vorgehet, kann uns die Beobachtung lehren; denn das Ausgedehnte bleibt unsern Sinnen gegenwärtig; aber wie, wo, und was die Seele nach diesem Leben seyn wird, muß bloß durch die Vernunft ausgemacht werden; denn die Seele hat durch den Tod das Mittel verloren, den menschlichen Sinnen gegenwärtig zu seyn.

Richtig!

Wollen wir nicht, mein Theuerster! erst das Sichtbare durch alle seine Veränderungen verfolgen, und hernach, wo möglich, das Unsichtbare mit dem Sichtbaren vergleichen?

Das scheint der beste Weg, den wir einschlagen können, erwiederte Cebes.

In jedem thierischen Leibe, Cebes! gehen beständig Trennungen und Zusammensetzungen vor, die zum Theil auf die Erhaltung, zum Theil aber auf den Untergang der thierischen Maschine abzielen. Tod und Leben fangen bey der Geburt des Thieres schon an gleichsam mit einander zu ringen.

Dieß zeigt die tägliche Erfahrung.

Wie nennen wir den Zustand, fragte Sokrates, in welchem alle Veränderungen, die in der lebendigen Maschine vorgehen, mehr auf das Wohlseyn, als auf den Untergang des Leibes abzielen? Nennen wir ihn nicht die Gesundheit?

Wie anders?

Hingegen werden die thierischen Veränderungen, welche die Auflösung der großen Maschine verursachen, durch Krankheiten vermehret, oder auch durch das Alter, welches die natürlichste Krankheit genennt werden kann.

Richtig!

Das Verderben nimmt durch unmerkliche Grade allmählig zu. Endlich zerfällt das Gebäude, und löset sich in seine kleinsten Theile auf. Aber was geschieht? Hören diese Theile auf, verändert zu werden? Hören sie auf, zu wirken und zu leiden? Gehen sie ganz verloren?

Es scheinet nicht, versetzte Cebes.

Unmöglich, mein Werthester! erwiederte Sokrates, wenn das wahr ist, worüber wir einig geworden: denn giebt es wohl ein Mittel zwischen Seyn und Nichtseyn?

Keinesweges.

Seyn und Nichtseyn wären also zween Zustände, die unmittelbar aufeinander folgen, die sich einander die nächsten seyn müßten: wir haben aber gesehen, daß die Natur keine solche Veränderungen, die plötzlich und ohne Uebergang geschehen müssen, hervorbringen kann. Erinnerst du dich wohl noch dieses Satzes?

Sehr wohl, sprach Cebes.

Also kann die Natur weder ein Daseyn, noch eine Zernichtung zuwege bringen?

Richtig!

Da-

Daher gehet bey der Auflösung des thierischen Leibes nichts verloren. Die zerfallenen Theile fahren fort zu seyn, zu wirken, zu leiden, zusammen gesetzt und getrennt zu werden, bis sie sich durch unendliche Uebergänge in Theile eines andern Zusammengesetzten verwandeln. Manches wird Staub, manches wird zur Feuchtigkeit, dieses steigt in die Luft, jenes geht in eine Pflanze über, wandelt von der Pflanze in ein lebendiges Thier, und verläßt das Thier, um einem Wurme zur Nahrung zu dienen. Ist dieses nicht der Erfahrung gemäß?

Vollkommen, mein Sokrates! antworteten Cebes und Simmias zugleich.

Wir sehen also, meine Freunde! daß Tod und Leben, in so weit sie den Leib angehen, in der Natur nicht so getrennt sind, als sie unsern Sinnen scheinen. Sie sind Glieder einer stetigen Reihe von Veränderungen, die durch stufenweise Uebergänge mit einander auf das genaueste verbunden sind. Es giebt keinen Augenblick, da man, nach aller Strenge, sagen könnte: Itzt stirbt das Thier; so wenig man, nach aller Strenge, sagen kann: Itzt ward es krank, oder itzt ward es wieder gesund. Freylich müssen die Veränderungen unsern Sinnen wie getrennt scheinen, da sie uns nicht eher, als nach einer geraumen Zwischenzeit, merkbar werden; aber genug,

nug, wir wissen, daß sie es in der That nicht seyn können.

Ich besinne mich itzt auf ein Beyspiel, das diesen Satz erläutern wird. Unsere Augen, die auf einen gewissen Erdstrich eingeschränkt sind, unterscheiden gar deutlich Morgen, Mittag, Abend und Mitternacht, und es ist uns, als wenn diese Zeitpunkte von den übrigen getrennt und abgesondert wären. Wer aber den ganzen Erdboden betrachtet, erkennet gar deutlich, daß die Umwälzungen von Tag und Nacht stetig aneinander hangen, und also jeder Augenblick der Zeit Morgen und Abend, Mittag und Mitternacht zugleich sey.

Homer hat nur, als Dichter, die Freyheit, seiner Götter Verrichtungen nach den Tageszeiten einzutheilen: als ob jemanden, der nicht in einen engen Bezirk auf dem Erdboden eingeschränkt ist, die Tageszeiten noch wirklich getrennte Epochen wären, und es nicht vielmehr zu jeder Zeit so wohl Morgen als Abend wäre. Es ist den Dichtern erlaubt, den Schein für die Wahrheit zu nehmen; allein der Wahrheit zu Folge müßte Aurora mit ihren Rosenfingern beständig die Thore des Himmels offen halten, und ihren gelben Mantel unaufhörlich von einem Orte zum andern schleppen, so wie die Götter, wenn sie nur des Nachts schlafen wollen, gar nicht oder beständig schlafen müssen. —

So

So lassen sich auch, im Ganzen betrachtet, die Tage der Woche nicht unterscheiden; denn das Stetige und Aneinanderhängende läßt sich nur in der Einbildung, und nach den Vorspiegelungen der Sinne, in bestimmte und abgesonderte Theile zertrennen; der Verstand aber siehet gar wohl, daß man da nicht stehen bleiben muß, wo keine wirkliche Abtheilung ist. Ist dieses deutlich? meine Freunde!

Gar sehr, erwiederte Simmias. —

Mit dem Leben und Tode der Thiere und Pflanzen verhält es sich gleichfalls nicht anders. In der Folge von Veränderungen, die dasselbe Ding erlitten, fängt sich, nach dem Urtheile unserer Sinne, da eine Epoche an, wo uns das Ding merklich als Pflanze oder als Thier in die Sinne fällt, und dieses nennen wir das Aufkeimen der Pflanze, und die Geburt des Thieres. Den zweyten Zeitpunkt, da, wo sich die thierischen oder pflanzigten Bewegungen unsern Sinnen entziehen, nennen wir den Tod; und den dritten, wann endlich die thierischen oder pflanzigten Formen verschwinden und unscheinbar werden, nennen wir den Untergang, die Verwesung des Thieres oder der Pflanze. In der Natur aber sind alle diese Veränderungen Glieder einer ununterbrochenen Kette, allmählige Auswickelungen und Einwickelungen desselben Dinges, das sich in unzählige Gestalten einhüllet und entkleidet. Ist hieran noch irgend ein Zweifel?

Im geringsten nicht, versetzte Cebes.

Wenn

Wenn wir sagen, fuhr Sokrates fort, die Seele stirbt, so müssen wir eines von beiden setzen: Entweder alle ihre Kräfte und Vermögen, ihre Wirkungen und Leiden hören plötzlich auf, sie verschwindet gleichsam in einem Nu; oder sie leidet, wie der Leib, allmählige Verwandelungen, unzählige Umkleidungen, die in einer stetigen Reihe fortgehen, und in dieser Reihe giebt es eine Epoche, wo sie keine menschliche Seele mehr, sondern etwas anders geworden ist; so wie der Leib, nach unzähligen Veränderungen, aufhöret ein menschlicher Leib zu seyn, und in Staub, Luft, Pflanze, oder auch in Theile eines andern Thieres verwandelt wird. Giebt es einen dritten Fall, wie die Seele sterben kann, einen Fall mehr, als plötzlich oder allmählig?

Nein, erwiederte Cebes. Diese Eintheilung erschöpft die Möglichkeit ganz.

Gut, sprach Sokrates. Die also noch zweifeln, ob die Seele nicht sterblich seyn könnte, mögen wählen, ob sie besorgen, sie möchte plötzlich verschwinden, oder nach und nach dasjenige aufhören zu seyn, was sie war. Will Cebes nicht ihre Stelle vertreten, und diese Wahl über sich nehmen?

Die Frage ist, ob jene die Wahl ihres Sachwalters würden gelten lassen. Mein Rath wäre, wir überlegten beide Fälle; denn wenn sie auf meine

Wahl

Erstes Gespräch.

Wahl Verzicht thäten, und sich anders erklären sollten: so dürfte morgen niemand mehr da seyn, der sie widerlegen kann.

Mein lieber Cebes! versetzte Sokrates, Griechenland ist ein weitläuftiges Reich, und auch unter den Barbaren muß es viele geben, denen diese Untersuchung am Herzen liegt. — Doch es sey! laßt uns beide Fälle untersuchen. Der erste war: Vielleicht vergehet die Seele plötzlich, verschwindet in einem Nu. An und für sich ist diese Todesart möglich. Kann sie aber von der Natur hervorgebracht werden?

Keinesweges: wenn das wahr ist, was wir vorhin zugegeben, daß die Natur keine Zernichtung hervorbringen könne.

Und haben wir dieses nicht mit Recht zugegeben? fragte Sokrates. Zwischen Seyn und Nichtseyn ist eine entsetzliche Kluft, die von der allmählig wirkenden Natur der Dinge nicht übersprungen werden kann.

Ganz recht, versetzte Cebes. Wie aber, wenn sie von einer übernatürlichen Macht, von einer Gottheit, zernichtet würde?

O mein Theurester! rief Sokrates aus, wie glücklich, wie wohl versorgt sind wir, wenn wir nichts als

die

die unmittelbare Hand des einzigen Wunderthäters zu fürchten haben! Was wir besorgten, war, ob die Natur unserer Seele nicht an und für sich selbst sterblich sey, und diese Besorgniß suchen wir durch Gründe zu vereiteln; ob aber Gott, der allgütige Schöpfer und Erhalter der Dinge, sie durch ein Wunderwerk zernichten werde? — Nein, Cebes! laß uns lieber befürchten, die Sonne würde uns in Eis verwandeln, ehe wir von der selbständigen Güte eine grundböse Handlung, die Zernichtung durch ein Wunderwerk, befürchten wollen.

Ich bedachte es nicht, sprach Cebes, daß mein Einwurf bey nahe eine Lästerung sey.

Die eine Todesart, die plötzliche Zernichtung, schreckt uns also nicht mehr, fuhr Sokrates fort; denn sie ist der Natur unmöglich. Doch überlegt auch folgendes, meine Freunde! Gesetzt, sie wäre nicht unmöglich, so ist die Frage: wann? zu welcher Zeit soll unsere Seele verschwinden? Vermuthlich zu der Zeit, da der Körper ihrer nicht mehr bedarf, in dem Augenblicke des Todes?

Allem Ansehen nach.

Nun haben wir aber gesehen, daß es keinen bestimmten Augenblick giebt, da man sagen kann, itzt stirbt das Thier. Die Auflösung der thierischen Maschine hat schon lange vorher ihren Anfang genommen, ehe

Erstes Gespräch.

ehe noch ihre Wirkungen sichtbar geworden sind; denn es fehlt niemals an solchen thierischen Bewegungen, die der Erhaltung des Ganzen zuwider sind; nur daß sie nach und nach zunehmen, bis endlich alle Bewegungen der Theile nicht mehr zu einem einzigen Endzwecke harmoniren, sondern eine jede ihren besondern Endzweck angenommen hat: und alsdann ist die Maschine aufgelöset. Dieser geschiehet so allmählig, in einer so stetigen Ordnung, daß jeder Zustand eine gemeinschaftliche Grenze des vorhergehenden und nachfolgenden Zustandes, eine Wirkung des vorhergehenden und eine Ursache des nachfolgenden Zustandes, zu nennen ist. Haben wir dieses nicht eingestanden?

Richtig!

Wenn also der Tod des Körpers auch der Tod der Seele seyn soll: so muß es auch keinen Augenblick geben, da man sagen kann, itzt verschwindet die Seele; sondern nach und nach, wie die Bewegungen in den Theilen der Maschine aufhören zu einem einzigen Endzwecke zu harmoniren, muß die Seele auch an Kraft und innerer Wirksamkeit abnehmen. Scheinet es dir nicht also? mein Cebes!

Vollkommen!

Aber siehe! welche wunderbare Wendung unsere Untersuchung genommen hat! Sie scheinet sich, wie ein Kunstwerk meines Eltervaters Dädalus, durch

ein

ein inneres Triebwerk von ihrer vorigen Stelle weggerollt zu haben.

Wie so?

Wir haben angenommen, unsere Gegner besorgten, die Seele würde plötzlich zernichtet werden, und wollten zusehen, ob diese Furcht gegründet sey, oder nicht. Wir haben darauf untersucht, in welchem Augenblicke sie zernichtet werden möchte; und diese Untersuchung selbst brachte uns auf das Widerspiel der Voraussetzung, daß sie nehmlich nicht plötzlich vernichtet werde, sondern allmählich an innerer Kraft und Wirksamkeit abnehme.

Desto besser, antwortete Cebes. So hat sich jene angenommene Meynung gleichsam selbst widerlegt.

Wir haben also nur noch dieses zu untersuchen, ob die inneren Kräfte der Seele nicht so allmählig vergehen können, wie sich die Theile der Maschine trennen.

Richtig!

Lasset uns diese getreuen Gefährten, Leib und Seele, die auch den Tod mit einander gemein haben sollen, auf ihrer Reise verfolgen, um zu sehen, wo sie zuletzt bleiben. So lange der Körper gesund ist,

so

so lange die mehresten Bewegungen der Maschine auf die Erhaltung und das Wohlseyn des Ganzen abzielen, die Werkzeuge der Empfindung auch ihre gehörige Beschaffenheit haben, so besitzt auch die Seele ihre völlige Kraft, empfindet, denket, liebet, verabscheuet, begreifet und will. Nicht?

Unstreitig!

Der Leib wird krank. Es äußert sich eine sichtbare Mißhelligkeit zwischen den Bewegungen, die in der Maschine vorgehen, indem ihrer viele nicht mehr zur Erhaltung des Ganzen harmoniren, sondern ganz besondere und streitende Endzwecke haben. Und die Seele?

Wie die Erfahrung lehret, wird sie indessen schwächer, empfindet unordentlich, denkt falsch und handelt öfters wider ihren Dank.

Gut! Ich fahre fort. Der Leib stirbt: das heißt, alle Bewegungen scheinen nunmehr nicht mehr auf das Leben und die Erhaltung des Ganzen abzuzielen; aber innerlich mögen wohl noch einige schwache Lebensbewegungen vorgehen, die der Seele noch einige dunkele Vorstellungen verschaffen: auf diese muß sich also die Kraft der Seele so lange einschränken. Nicht?

Allerdings!

Die Verwesung folgt. Die Theile, die bisher einen gemeinschaftlichen Endzweck gehabt, eine einzige Maschine ausgemacht haben, bekommen itzt ganz verschiedene Endzwecke, werden zu mannigfaltigen Theilen ganz verschiedener Maschinen. Und die Seele? mein Cebes! wo wollen wir die lassen? Ihre Maschine ist verweset. Die Theile, die noch von derselben übrig sind, sind nicht mehr ihre, und machen auch kein Ganzes aus, das beseelt werden könnte. Hier sind keine Gliedmaßen der Sinne, keine Werkzeuge des Gefühls mehr, durch deren Vermittelung sie irgend zu einer Empfindung gelangen könnte. Soll also alles in ihr öde seyn? Sollen alle ihre Empfindungen und Gedanken, ihre Einbildungen, ihre Begierden und Verabscheuungen, Neigungen und Leidenschaften verschwunden seyn, und nicht die geringste Spur hinterlassen haben?

Unmöglich, sprach Cebes. Was wäre dieses anders als eine völlige Zernichtung, und keine Zernichtung, haben wir gesehen, stehet in dem Vermögen der Natur.

Was ist also für Rath? meine Freunde! Untergehen kann die Seele in Ewigkeit nicht; denn der letzte Schritt, man mag ihn noch so weit hinaus schieben, wäre immer noch vom Daseyn zum Nichts, ein Sprung, der weder in dem Wesen eines einzelnen

Din-

Dinges, noch in dem ganzen Zusammenhange gegründet seyn kann. Sie wird alsofort dauren, ewig vorhanden seyn. Soll sie vorhanden seyn, so muß sie wirken und leiden; soll sie wirken und leiden, so muß sie Begriffe haben: denn empfinden, denken und wollen sind die einzigen Wirkungen und Leiden, die einem denkenden Wesen zukommen können. Die Begriffe nehmen allezeit ihren Anfang von einer sinnlichen Empfindung, und wo sollen sinnliche Empfindungen herkommen, wenn keine Werkzeuge, keine Gliedmaßen der Sinne vorhanden sind?

Nichts scheinet richtiger, sprach Cebes, als diese Folge von Schlüssen, und gleichwohl leitet sie zu einem offenbaren Widerspruch.

Eines von beiden, fuhr Sokrates fort; entweder die Seele muß vernichtet werden, oder sie muß nach der Verwesung des Leibes noch Begriffe haben. Man ist sehr geneigt, diese beiden Fälle für unmöglich zu halten, und gleichwohl muß einer davon wirklich seyn? Laß sehen, ob wir aus diesem Labyrinthe keinen Ausgang finden können! Von der einen Seite kann unser Geist natürlicher Weise nicht vernichtet werden. Worauf gründet sich diese Unmöglichkeit? — Seyd unverdrossen, Freunde! mir durch dornichte Gänge zu folgen: sie führen uns auf eine der herrlichsten Gegenden, die das Gemüth der Menschen jemals ergötzt haben. Antwortet mir! Hat uns nicht ein

rich-

richtiger Begriff von Kraft und natürlicher Veränderung auf die Folge geleitet, daß die Natur keine Vernichtung wirken könne?

Richtig!

Von dieser Seite ist also schlechterdings kein Ausgang zu hoffen, und wir müssen umkehren. Die Seele kann nicht vergehen, sie muß nach dem Tode fort dauren, wirken, leiden, Begriffe haben. Hier stehet uns die Unmöglichkeit im Wege, daß unser Geist, ohne sinnliche Eindrücke, Begriffe haben soll: aber wer leistet für diese Unmöglichkeit die Gewähr? Ist es nicht bloß die Erfahrung, daß wir hier in diesem Leben niemals ohne sinnliche Eindrücke haben denken können?

Nichts anders.

Was für Grund haben wir aber, diese Erfahrung über die Grenzen dieses Lebens auszudehnen, und der Natur schlechterdings die Möglichkeit abzusprechen, die Seele, ohne diesen gegliederten Leib, denken zu lassen? Was meynest du? Simmias! würden wir einen Menschen nicht höchst lächerlich finden, der die Mauern von Athen niemals verlassen hätte, und aus seiner eigenen Erfahrung schließen wollte, daß in allen Theilen des Erdbodens Tag und Nacht, Sommer und Winter, nicht anders als bey uns, abwechselten?

Nichts wäre ungereimter.

Wenn

Erstes Gespräch.

Wenn ein Kind im Mutterleibe denken könnte, würde es wohl zu bereden seyn, daß es dereinst, von seiner Wurzel abgelöset, in freyer Luft das erquickende Licht der Sonne geniessen werde? würde es nicht vielmehr aus seinen jetzigen Umständen die Unmöglichkeit eines solchen Zustandes beweisen zu können glauben?

Allem Ansehen nach.

Und wir Blödsinnigen, denken wir etwa vernünftiger, wenn wir, in dieses Leben eingekerkert, durch unsere Erfahrungen ausmachen wollen, was der Natur auch nach diesem Leben möglich sey? — Ein einziger Blick in die unerschöpfliche Mannigfaltigkeit der Natur kann uns von dem Ungrunde solcher Schlüsse überführen. Wie dürftig, wie schwach würde sie seyn, wenn ihr Vermögen nicht weiter reichete, als unsere Erfahrung!

Freylich!

Wir können also mit gutem Grunde diese Erfahrung verwerfen, indem wir ihr die ausgemachte Unmöglichkeit entgegengesetzt, daß unser Geist untergehen sollte. Homer läßt seinen Held mit Recht ausrufen: Fürwahr! auch in den Häusern des Orkus webt noch die Seele, wiewohl kein Leichnam dahin kömmt *). Die Begriffe, die uns Homer von

*) Plato hat diesen Vers des Homers anders verstan-

von dem Orkus, und von den Schatten, die hinunter wandeln, machet, scheinen zwar nicht überall mit der Wahrheit übereinzukommen; aber dieses ist gewiß, meine Geliebten! unser Geist siegt über Tod und Verwesung, läßt den Leichnam zurück, um hienieden in tausend veränderten Gestalten die Absichten des Allerhöchsten zu erfüllen, er aber erhebt sich über den Staub, und fähret fort, nach andern natürlichen, aber überirdischen Gesetzen, die Werke des Schöpfers zu beschauen, und Gedanken von der Kraft des Unendlichen zu hegen. Erweget aber dieses, meine Freunde! wenn unsere Seele, nach dem Tode ihres Leichnams, noch lebet und denkt, wird sie nicht auch alsdann, so wie in diesem gegenwärtigen Zustande, nach der Glückseligkeit streben?

Wahrscheinlich dünkt michs, sprach Simmias; allein ich traue meiner Vermuthung nicht mehr, und wünschte deine Gründe zu hören.

Meine Gründe sind diese, versetzte Sokrates: Wenn die Seele denkt, so müssen in ihr Begriffe

mit

standen, als einigen euere Ausleger, und führet ihn im 3. B. seiner Republik als tadelhaft an. Man wird mir aber hoffentlich erlauben, an dieser Stelle die günstigere Auslegung gelten zu lassen.

Erstes Gespräch.

mit Begriffen abwechseln, so muß sie diese Begriffe gerne, jene ungerne haben wollen, das heißt, einen Willen haben; hat sie aber einen Willen, wohin kann dieser anders zielen, als nach dem höchsten Grade des Wohlseyns, nach der Glückseligkeit?

Dieses war allen deutlich. Aber wie? fuhr Sokrates fort: das Wohlseyn eines Geistes, der nicht mehr für die Bedürfnisse seines Leibes zu sorgen hat, worinn bestehet dieses? Speise und Trank, Liebe und Wollust kann ihm nicht mehr behagen; was in diesem Leben Gefühl, Gaumen, Augen und Ohren ergetzt, ist allda seiner Achtung unwürdig; kaum daß ihm noch eine schwache, vielleicht reuvolle Erinnerung von den Wollüsten bleibet, die er in Gesellschaft seines Leibes genossen. Wird er wohl nach diesen sonderlich streben?

So wenig als ein vernünftiger Mann nach den Tändeleyen der Kindheit, sprach Simmias.

Wird etwa ein großes Vermögen das Ziel seiner Wünsche seyn?

Wie könnte dieses in einem Zustande möglich seyn, wo, allem Ansehen nach, kein Eigenthum besessen, kein Vermögen genossen werden kann?

Die Ehrbegierde ist zwar eine Leidenschaft, die, dem Ansehen nach, dem abgeschiedenen Geiste noch bleiben kann;

kann; denn sie scheinet wenig von den Leibesbedürfnissen abzuhängen: allein, worinn kann der körperlose Geist den Vorzug setzen, der ihm Ehre bringen soll? Gewiß nicht in Macht, nicht in Reichthum, auch nicht in den Adel der Geburt: denn alle diese Thorheiten läßt er mit seinem Körper auf der Erde zurück.

Freylich!

Es bleibet ihm also nichts, als Weisheit, Tugendliebe und Erkenntniß der Wahrheit, was ihm einen Vorzug geben und über seine Nebengeschöpfe erheben könnte. Außer dieser edlen Ehrbegierde ergetzen ihn noch die geistigen angenehmen Empfindungen, die die Seele auch auf Erden ohne ihren Körper genießt, Schönheit, Ordnung, Ebenmaß, Vollkommenheit. Diese Empfindungen sind der Natur eines Geistes so anerschaffen, daß sie ihn niemals verlassen können. Wer also auf Erden für seine Seele Sorge getragen, wer in diesem Leben sich in Weisheit, Tugend und Empfindung der wahren Schönheit hat üben lassen, der hat die größten Hoffnungen, auch nach dem Tode in diesen Uebungen fortzufahren, und von Stufe zu Stufe sich dem erhabensten Urwesen zu nähern, welches die Quelle aller Weisheit, der Innbegriff aller Vollkommenheiten, und vorzugsweise die Schönheit selbst ist. Erinnert euch, meine Freunde! jener entzückten Augenblicke, die ihr genossen, so oft eure Seele, von einer geistigen Schön-

heit

heit hingerissen, den Leib samt seinen Bedürfnissen vergaß, und sich ganz der himmlischen Empfindung überließ. Welcher Schauer! welche Begeisterung! Nichts als die nähere Gegenwart einer Gottheit kann diese erhabenen Entzückungen in uns erregen. Auch ist in der That jeder Begriff einer geistigen Schönheit ein Blick in das Wesen der Gottheit; denn das Schöne, Ordentliche und Vollkommene, das wir wahrnehmen, ist ein schwacher Abdruck dessen, der die selbstständige Schönheit, Ordnung und Vollkommenheit ist. Ich erinnere mich, diese Gedanken bey einer andern Gelegenheit deutlich genug auseinander gesetzt zu haben, und will gegenwärtig nur diese Folge daraus herleiten: Wenn es wahr ist, daß nach diesem Leben Weisheit und Tugend unsern Ehrgeiz, und das Bestreben nach geistiger Schönheit, Ordnung und Vollkommenheit unsere Begierden ausmachen: so wird unser fortdaurendes Daseyn nichts als ein ununterbrochenes Anschauen der Gottheit seyn, ein himmlisches Ergetzen, das, so wenig wir jetzo davon begreifen, den edlen Schweiß des Tugendhaften mit unendlichem Wucher belohnt. Was sind alle Mühseligkeiten dieses Lebens gegen eine solche Ewigkeit! Was ist Armuth, Verachtung und der schmählichste Tod, wenn wir uns dadurch zu einer solchen Glückseligkeit vorbereiten können! Nein, meine Freunde! wer sich eines rechtschaffenen Wandels bewußt ist, kann sich unmöglich betrüben, indem er die Reise zu dieser Se-

H. 5   ligkeit

ligkeit antritt. Nur wer in seinem Leben Götter und Menschen beleidiget, wer sich in viehischer Wollust herumgewälzt, wer der vergötterten Ehre Menschenopfer geschlachtet, und an andrer Elend sein Ergetzen gefunden, der mag an der Schwelle des Todes zittern, indem er keinen Blick in das Vergangene ohne Reue, keinen in die Zukunft ohne Furcht thun kann. Da ich aber, Dank sey der Gottheit! mir keine von diesen Vorwürfen zu machen habe, da ich in meinem ganzen Leben die Wahrheit mit Eifer gesucht, und die Tugend über alles geliebt habe: so freue ich mich, die Stimme der Gottheit zu hören, die mich von hinnen ruft, um in jenem Lichte zu genießen, wornach ich in dieser Finsterniß gestrebt habe. Ihr aber, meine Freunde! überlegt wohl die Gründe meiner Hoffnungen, und wenn sie euch überzeugen, so segnet meine Reise, und lebet so, daß euch der Tod dereinst abrufe, nicht mit Gewalt von hinnen schleppe. Vielleicht führet uns die Gottheit dereinst in verklärter Freundschaft einander in die Arme. O! mit welchem Entzücken würden wir uns alsdann des heutigen Tages erinnern!

Ende des ersten Gesprächs.

Zweytes Gespräch.

Unser Lehrer hatte ausgeredet, und gieng, wie in Gedanken vertieft, im Zimmer auf und nieder; wir saßen alle und schwiegen, und dachten der Sache nach. Nur Cebes und Simmias sprachen leise mit einander. Sokrates sahe sich um, und fragte: Warum so leise? meine Freunde! Sollen wir nicht erfahren, was an den vorgebrachten Vernunftgründen zu verbessern sey? Ich weiß wohl, daß ihnen zur völligen Deutlichkeit noch verschiedenes fehlet. Wenn ihr euch also jetzo von andern Dingen unterhaltet, so mag es gut seyn; redet ihr aber von der Materie, die wir vorhaben, so entdecket uns immer eure Einwürfe und Zweifel, damit wir sie gemeinschaftlich untersuchen, und entweder heben, oder selbst mit zweifeln mögen. Simmias sprach: Ich muß dir gestehen, Sokrates! daß wir beide Einwürfe zu machen haben, und uns schon lange einer den andern antreiben, sie vorzubringen, weil beide gerne deine Widerlegung hören möchten, ein jeder aber sich scheuet, dir bey jetziger Widerwärtigkeit beschwerlich zu fallen. Als Sokrates dieses hörete, lächelte er, und sprach: Ey! wie schwer, o Simmias! werde ich andere Menschen bereden können, daß ich meine Umstände für so mißlich nicht halte, da ihr mir es noch immer nicht glauben

ben könnet, und besorget, ich möchte jetzt unmuthiger und verdrießlicher seyn, als ich vormals gewesen bin. Man saget von den Schwänen, daß sie, nahe an ihrem Ende, lieblicher singen, als in ihrem ganzen Leben. Wenn diese Vögel, wie es heißt, dem Apoll geheiliget sind, so würde ich sagen, daß ihr Gott sie in der Todesstunde einen Vorschmack von der Seeligkeit jenes Lebens empfinden läßt, und daß sie sich an diesem Gefühl ergetzen, und singen. Mit mir verhält es sich eben so. Ich bin ein Priester dieses Gottes; und in Wahrheit! er hat meiner Seele ein ahnendes Gefühl von der Seeligkeit nach dem Tode eingeprägt, das allen Unmuth vertreibt, und mich, nahe an meinem Tode, weit heiterer seyn läßt, als in meinem ganzen Leben. Eröffnet mir also ohne Bedenken eure Zweifel und Einwürfe. Fraget, was ihr zu fragen habt, so lange es die eilf Männer noch erlauben. — Gut! erwiederte Simmias, ich werde also den Anfang machen, und Cebes mag folgen. Ich habe nur noch eine einzige Erinnerung voraus zu schicken: Wenn ich Zweifel wider die Unsterblichkeit der Seele errege, so geschieht es nicht wider die Wahrheit dieser Lehre, sondern wider ihre vernunftmäßige Erweislichkeit, oder vielmehr wider den Weg, welchen du, o Sokrates! gewählt hast, uns durch die Vernunft davon zu überzeugen. Im übrigen nehme ich diese trostvolle Lehre von ganzem Herzen nicht nur so an, wie du sie uns vorgetragen, sondern so, wie sie

uns

uns von den ältesten Weisen ist überliefert worden, einige Verfälschungen ausgenommen, die von den Dichtern und Fabelerfindern hinzugethan worden sind. Wo unsere Seele keinen Grund der Gewißheit findet, da trauet sie sich den beruhigenden Meynungen, wie Fahrzeugen auf dem bodenlosen Meere, an, die sie bey heiterm Himmel sicher durch die Wellen dieses Lebens hindurch führen. Ich fühle es, daß ich der Lehre von der Unsterblichkeit und von der Vergeltung nach unserm Tode nicht widersprechen kann, ohne unendliche Schwierigkeiten sich erheben zu sehen, ohne alles, was ich je für wahr und gut gehalten, seiner Zuverläßigkeit beraubt zu sehen. Ist unsere Seele sterblich, so ist die Vernunft ein Traum, den uns Jupiter geschickt hat, uns Elende zu hintergehen; so fehlet der Tugend aller Glanz, der sie unsern Augen göttlich macht; so ist das Schöne und Erhabene, das Sittliche so wohl als das Physische, kein Abdruck göttlicher Vollkommenheiten (denn nichts vergängliches kann den schwächsten Stral göttlicher Vollkommenheit fassen); so sind wir, wie das Vieh, hieher gesetzt worden, Futter zu suchen und zu sterben; so wird es in wenigen Tagen gleich viel seyn, ob ich eine Zierde, oder Schande der Schöpfung gewesen, ob ich mich bemühet, die Anzahl der Glückseligen, oder der Elenden zu vermehren; so hat der verworfenste Sterbliche so gar die Macht, sich der Herrschaft Gottes zu entziehen, und ein Dolch kann das Band auflösen, welches
den

den Menschen mit Gott verbindet. Ist unser Geist vergänglich, so haben die weisesten Gesetzgeber und Stifter der menschlichen Gesellschaften uns oder sich selbst betrogen; so hat das gesamte menschliche Geschlecht sich gleichsam verabredet, eine Unwahrheit zu hegen, und die Betrüger zu verehren, die solche erdacht haben; so ist ein Staat freyer, denkender Wesen nicht mehr, als eine Heerde vernunftloses Viehes, und der Mensch — ich entsetze mich, ihn in dieser Niedrigkeit zu betrachten! Der Hoffnung zur Unsterblichkeit beraubt, ist dieses Wundergeschöpfe das elendeste Thier auf Erden, das zu seinem Unglücke über seinen Zustand nachdenken, den Tod fürchten, und verzweifeln muß. Nicht der allgütige Gott, der sich an der Glückseligkeit seiner Geschöpfe ergetzt, ein schaffendes frohes Wesen müßte ihn mit Vorzügen begabt haben, die ihn nur bejammernswerther machen. Ich weiß nicht, welche beklemmende Angst sich meiner Seele bemeistert, wenn ich mich an die Stelle der Elenden setze, die eine Vernichtung fürchten. Die bittere Erinnerung des Todes muß alle ihre Freuden vergällen. Wenn sie der Freundschaft genießen, wenn sie die Wahrheit erkennen, wenn sie die Tugend ausüben, wenn sie den Schöpfer verehren, wenn sie über Schönheit und Vollkommenheit in Entzückung gerathen wollen: so steiget der schreckliche Gedanke der Zernichtung, wie ein Gespenst, in ihrer Seele empor, und verwandelt die gehoffte Freude in Verzweiflung. Ein Hauch,

Hauch, der ausbleibt, ein Pulsschlag, der still stehet, beraubt sie aller dieser Herrlichkeiten: das Gott verehrende Wesen wird Staub, Moder und Verwesung. Ich danke den Göttern, daß sie mich von dieser Furcht befreyet, die alle Wollüste meines Lebens mit Skorpionenstichen unterbrechen würde. Meine Begriffe von der Gottheit, von der Tugend, von der Würde des Menschen, und von dem Verhältnisse, in welchem er mit Gott stehet, lassen mir keinen Zweifel mehr über seine Bestimmung. Die Hoffnung eines zukünftigen Lebens löset alle diese Schwierigkeiten auf, und bringet die Wahrheiten, von welchen wir auf so mancherley Weise überzeuget sind, wieder in Harmonie. Sie rechtfertiget die Gottheit, setzet die Tugend in ihren Adel ein, giebt der Schönheit ihren Glanz, der Wollust ihre Reizung, versüßet das Elend, und macht selbst die Plagen dieses Lebens in unsern Augen verehrenswerth: indem wir alle Begebenheiten hienieden mit den unendlichen Reihen von Folgen vergleichen, die durch dieselben veranlasset werden. Eine Lehre, die mit so vielen bekannten und ausgemachten Wahrheiten in Harmonie stehet, und durch welche wir so ungezwungen eine Menge von Schwierigkeiten gehoben sehen, findet uns sehr geneigt, sie anzunehmen; bedarf beynahe keines fernern Beweises. Denn wenn gleich von diesen Gründen, einzeln genommen, vielleicht keiner den höchsten Grad der Gewißheit mit sich führet; so überzeugen sie uns doch, zusammengenommen, mit einer so siegenden Gewalt, daß sie uns völlig beruhigen, und alle unsere Zweifel aus dem Felde schlagen. Allein, mein lieber Sokrates! die Schwierigkeit ist, alle diese Gründe, so oft wir es wünschen, mit der gehörigen Lebhaftigkeit gegenwärtig zu haben, um ihre Harmonie mit Einleuchtung zu überschauen. Wir sind zu allen Zeiten, und in allen Umständen dieses Lebens, ihres Beystandes benöthiget; aber nicht alle Zeiten, nicht alle Umstände dieses Lebens vergönnen uns die Ruhe und Besonnenheit der Seele, uns aller dieser Gründe lebhaft zu erinnern, und die Kraft der Wahrheit zu fühlen, die ihrem Zusammenhange eingeflochten ist. So oft wir uns einen Theil derselben entweder gar nicht, oder nicht mit der erforderlichen Lebhaftigkeit vorstellen, so verlieret die Wahrheit von ihrer Stärke, und unsere Seelenruhe ist in Gefahr. Wenn aber jener Weg, den du, o Sokrates! einschlägst, uns durch eine einfache Reihe von unumstößlichen Gründen zur Wahrheit führet: so können wir hoffen, uns des Beweisthums zu versichern, und ihn zu allen Zeiten in unserer Gewalt zu haben. Eine Kette deutlicher Schlüsse läßt sich leichter in die Gedanken zurück bringen, als jene Uebereinstimmung der Wahrheiten, die gewissermaßen ihre eigene Gemüthsbeschaffenheit erfodert. Aus dieser Ursache trage ich kein Bedenken, dir alle die Zweifel entgegen zu setzen, die der entschlossenste Leugner der Unsterblichkeit vorbringen könnte. Wo

ich

ich dich recht verstanden habe, so war dein Beweis etwa folgender: Seele und Körper stehen in der genauesten Verbindung; dieser wird allmählig in seine Theile aufgelöset, jene muß entweder vernichtet werden, oder Vorstellungen haben. Durch natürliche Kräfte kann nichts zernichtet werden; daher kann unsere Seele, natürlicher Weise, niemals aufhören Begriffe zu haben. Wie aber, mein lieber Sokrates! wenn ich durch ähnliche Gründe bewiese, daß die Harmonie fortdauren müsse, wenn man auch die Leyer zerbräche, oder daß die Symmetrie eines Gebäudes noch vorhanden seyn müsse, wenn auch alle Steine von einander gerissen, und zu Staub zermalmet werden sollten? Die Harmonie so wohl, als die Symmetrie, würde ich sagen, ist etwas: nicht? Man würde mir dieses nicht leugnen; jene stehet mit der Leyer und diese mit dem Gebäude in genauer Verbindung: auch dieses müßte man zugeben. Vergleichet die Leyer oder das Gebäude mit dem Körper, und die Harmonie oder Symmetrie mit der Seele: so haben wir erwiesen, daß das Saitenspiel länger dauren müsse, als die Saiten, das Ebenmaß länger, als das Gebäude. Nun ist dieses in Absicht auf die Harmonie und Symmetrie höchst ungereimt; denn da sie die Art und Weise der Zusammensetzung andeuten: so können sie nicht länger dauren, als die Zusammensetzung selbst.

J. Ein

Ein Gleiches läßt sich von der Gesundheit behaupten: Sie ist eine Eigenschaft des gegliederten Körpers, und nirgends anders anzutreffen, als wo die Verrichtungen dieser Glieder zur Erhaltung des Ganzen abzielen; sie ist ein Eigenthum des Zusammengesetzten, und verschwindet, wenn das Zusammengesetzte in seine Theile aufgelöset wird. Mit dem Leben hat es wahrscheinlicher Weise eine ähnliche Bewandniß. Das Leben einer Pflanze höret auf, so bald die Bewegungen in den Theilen derselben zur Auflösung des Ganzen abzielen. Das Thier hat vor der Pflanze die Gliedmaßen der Sinne und die Empfindung, und endlich der Mensch die Vernunft voraus. Vielleicht ist diese Empfindung in den Thieren, und selbst die Vernunft des Menschen, nichts als Eigenschaften des Zusammengesetzten, so wie Leben, Gesundheit, Harmonie, u. s. w. die ihrer Natur und Beschaffenheit nach nicht länger dauren können, als die Zusammensetzungen, von denen sie unzertrennlich sind. Reichet die Kunst des Baues hin, Pflanzen und Thieren Leben und Gesundheit zu geben, so kann eine höhere Kunst vielleicht dem Thiere Empfindung, und dem Menschen Vernunft verleihen. Wir Blödsinnigen begreifen jenes so wenig, als dieses. Des geringsten Blättchens kunstreiche Bildung übersteigt alle menschliche Vernunft, enthält Geheimnisse, die des Fleißes und der Scharfsinnigkeit unserer spätesten Nachkommen noch spotten werden: und wir wollen vorschreiben, was durch die Organisation erhalten werden kann, und was nicht? Wollen wir der Allmacht oder der Weisheit des Schöpfers Grenzen setzen? Eines von beiden, dächte ich, müssen wir nothwendig, wenn unsere Richtigkeit entscheiden soll, daß die Kunst des Allmächtigen selbst kein Vermögen zu empfinden und zu denken durch die Bildung der feinsten Materie hervor bringen könne.

Du siehst, mein lieber Sokrates! was deinen Schülern zur völligen unwankenden Ueberzeugung noch fehlet. Ist die Seele beym Leben etwas, das der Allmächtige außer dem Körper und seiner Bildung geschaffen und mit ihm verbunden hat; so hat es seine Richtigkeit, daß die Seele auch nach dem Tode fortdauren und Vorstellungen haben müsse; allein wer leistet für jenes die Gewehr? die Erfahrung scheinet vielmehr das Gegentheil auszusagen. Das Vermögen zu denken wird gebildet mit dem Körper, wächst mit demselben, und leidet mit demselben ähnliche Veränderungen. Jede Krankheit in dem Körper wird von Schwäche, Zerrüttung oder Unvermögen in der Seele begleitet. Vornehmlich stehen die Verrichtungen des Gehirns und der Eingeweide in so genauer Verbindung mit der Wirksamkeit des Denkungsvermögens, daß man sehr geneigt ist, beide aus einer Quelle herzuleiten, und also das Unsichtbare durch das Sichtbare zu erklären; so wie man Licht und

und Wärme einer einzigen Ursache zuschreibt, weil sie in ihren Veränderungen so sehr übereinstimmen.

Simmias schwieg, und Cebes ergriff das Wort. Unser Freund Simmias, sprach er, scheinet nur das sicher besitzen zu wollen, was ihm versprochen worden, ich aber, mein lieber Sokrates! möchte gern mehr haben, als du uns zugesagt. Wenn deine Beweise auch wider alle Einwürfe geschützet werden, so folget doch nichts mehr aus denselben, als daß unsere Seele nach dem Hintritt unsers Körpers fortdauret und Vorstellungen hat; aber wie fortdauret? vielleicht so, wie sie im Schwindel, in einer Ohnmacht, oder im Schlafe fortdauret. Die Seele des Schlafenden muß nicht ganz ohne Begriffe seyn; die Gegenstände umher müssen durch schwächere Eindrücke auf seine Sinne wirken, und in seiner Seele wenigstens schwache Empfindungen erregen, sonst würden stärkere und stärkere Eindrücke ihn nicht aufwecken können *). Aber was sind dieses für Begriffe? Ein dunkles Gefühl ohne Bewußtseyn, ohne Erinnerung, ein vernunftloser Zustand, in welchem

*) Wenn mächtige Eindrücke lebhafte Empfindungen erregen; so müssen die schwächsten selbst nicht ganz ohne Wirkung seyn; sondern Empfindungen veranlassen, die nur dem Grade der Lebhaftigkeit nach von jenen unterschieden sind.

chem wir uns des Vergangenen nicht erinnern, und dessen wir uns auch in Zukunft nie wieder besinnen. Sollte nun unsere Seele mit der Trennung von dem Leibe in eine Art von Schlaf oder Hinbrüten versinken, und nie wieder aufwachen, was hätten wir durch ihre Fortdauer gewonnen? Ein vernunftloses Daseyn ist von der Unsterblichkeit, die du hoffest, noch weiter entfernt, als die Glückseligkeit der Thiere von der Glückseligkeit eines Gott erkennenden Geistes. Wenn das, was ihm nach dem wiederfähret, uns angehen, und schon hienieden Furcht oder Hoffnung in uns erregen soll: so müssen wir selbst, die wir uns allhier unser bewußt sind, noch in jenem Leben dieses Selbstgefühl behalten, und uns des Gegenwärtigen erinnern können. Wir müssen das, was wir seyn werden, mit dem, was wir jetzt sind, vergleichen, und darüber urtheilen können. Ja, wo ich dich recht verstanden, mein lieber Sokrates! so erwartest du nach dem Tode ein besseres Leben, eine grössere Erleuchtung des Verstandes, edlere und erhabnere Bewegungen des Herzens, als dem beglücktesten Sterblichen auf Erden zu Theile worden: worauf gründet sich diese schmeichelnde Hoffnung? Der Mangel alles klaren Bewußtseyns ist für unsere Seele, wenigstens für eine kurze Zeit, ein nicht unmöglicher Zustand: hievon überzeugt uns die tägliche Erfahrung. Wie, wenn ein solcher nach dem Tode in Ewigkeit fortdauren sollte?

Zwar hast du uns vorhin gezeigt, daß alles Veränderliche unaufhörlich verändert werden müsse, und aus dieser Lehre leuchtet ein Stral der Hoffnung, daß meine Besorgniß ungegründet sey. Denn, wenn die Reihe der Veränderungen, die unserer Seele bevorstehen, ins Unendliche fortgehen, so ist höchst wahrscheinlich, daß sie nicht bestimmt sey, in Ewigkeit fort zu sinken, und von ihrer göttlichen Schönheit immer mehr und mehr zu verlieren; sondern daß sie sich, wenigstens mit der Zeit, auch erheben und die Stuffe wieder einnehmen werde, auf welcher sie schon in der Schöpfung gestanden, nehmlich eine Betrachterinn der Werke Gottes zu seyn. Und mehr als einen hohen Grad der Wahrscheinlichkeit braucht es nicht, uns in der Vermuthung zu bestärken, daß dem Tugenhaften ein besseres Leben bevorstehet. Indessen, mein lieber Sokrates! wünsche ich auch diesen Punkt von dir berühret zu sehen, weil ich weiß, daß alle Worte, die du heute sprichst, sich tief in meine Seele eingraben, und von unauslöschlichem Andenken seyn werden.

Wir hörten alle aufmerksam zu, und wie wir uns nachher gestanden, nicht ohne Unwillen, daß man uns eine Lehre zweifelhaft und ungewiß machte, von welcher wir so sehr überzeugt zu seyn glaubten. Nicht nur diese Lehre, sondern alles, was wir wußten und glaubten, schien uns damals ungewiß und schwan-

schwankend zu werden, da wir sahen, daß entweder wir die Gabe nicht besitzen, Wahrheit vom Irrthum zu unterscheiden, oder daß sie an und für sich selbst nicht zu unterscheiden seyn müßten.

Echekrates.

Mich wundert es nicht, mein lieber Phädon! daß ihr so dachtet: mir selbst ward, indem ich dir zuhörte, nicht anders zu Muthe. Die Gründe des Sokrates hatten mich völlig überführt, und ich schien versichert, daß ich sie niemals würde in Zweifel ziehen können; allein des Simmias Einwurf macht mich wieder zweifelhaft, und ich erinnere mich, daß ich vormals eben der Meynung gewesen, daß die Kraft zu denken eine Eigenschaft des Zusammengesetzten seyn, und ihren Grund in einer feinen Organisation oder Harmonie der Theile haben könne. Aber sage mir, lieber Phädon! wie hat Sokrates diese Einwürfe aufgenommen? ward er so verdrüßlich darüber, als ihr, oder begegnete er ihnen mit seiner gewöhnlichen Sanftmuth? und hat seine Antwort euch Gnüge gethan, oder nicht? Ich möchte dieses alles gern so umständlich als möglich von dir vernehmen.

Phädon.

Habe ich den Sokrates jemals bewundert, mein lieber Echekrates! so war es gewiß bey dieser Gelegenheit. Daß er eine Widerlegung in Bereitschaft hatte,

hatte, ist eben nichts unerwartetes von ihm. Was mir bewundernswürdig schien, war erstlich die Gütigkeit, Freundlichkeit und Sanftmuth, womit er das Vernünfteln dieser jungen Leute aufgenommen; so dann wie schnell er gemerkt, was für Eindrücke die Einwürfe auf uns gemacht, wie er uns zu Hülfe eilete, wie er uns gleichsam von der Flucht zurück rief, zur Gegenwehr aufmunterte, und selbst zum Streite anführte.

Echekrates.
Wie war dieses?

Phädon.
Das will ich dir erzählen. Ich saß ihm zur Rechten, neben dem Bette, auf einem niedrigen Sessel, er aber etwas höher, als ich. Er ergriff mein Haupt, und streichelte mir die Haare, die in den Nacken herunter hangen; wie er denn gewohnt war, zuweilen mit meinen Locken zu spielen: Morgen, sprach er, Phädon! dürftest du wohl diese Locken auf das Grab eines Freundes streuen. Allem Ansehen nach, erwiederte ich. O! thue es nicht, versetzte er. Warum denn das? fragte ich. Noch heute, fuhr er fort, müssen wir beide unser Haar abschneiden, wenn unser schönes Lehrgebäude so dahin stirbt, und wir nicht im Stande sind, es wieder aufzuwecken. Und wenn ich an deiner Stelle wäre, und man hätte mir eine solche

che Lehre zu Grunde gerichtet: so würde ich, wie jener Argiver, ein Gelübde thun, nicht eher mein Haupthaar wieder wachsen zu lassen, bis ich des Simmias und Cebes Gegengründe besiegt hätte. Man pflegt zu sagen, sprach ich: Herkules selbst richtet wider Zween nichts aus. So rufe denn, weil es noch helle ist, mich, deinen Jolaus, zu Hülfe, versetzte er. Gut! sprach ich, ich will dich zu Hülfe rufen; aber nicht wie Herkules seinen Jolaus, sondern wie Jolaus den Herkules. Das thut nichts zur Sache, erwiederte er. Vor allen Dingen müssen wir uns vor einem gewissen Fehltritt in acht nehmen. Vor welchem? fragte ich. Daß wir nicht Vernunfthasser werden, sprach er, so wie gewisse Leute Menschenhasser werden. Kein größeres Unglück könnte uns wiederfahren! — Der Vernunfthaß und der Menschenhaß pflegen auf eine ähnliche Weise zu entstehen. Der Menschenhaß nehmlich entstehet insgemein, wenn man Anfangs ein blindes Vertrauen in Jemanden setzet, und ihn in allen Stücken für einen getreuen, aufrichtigen, und rechtschaffenen Menschen hält, so dann aber erfähret, daß er weder aufrichtig noch rechtschaffen sey; besonders wenn uns dieses zu wiederholten malen, und so gar in Ansehung derer begegnet, die wir für unsere besten und vertrautesten Freunde gehalten. Alsdann wird man mißvergnügt, wirft seinen Haß auf alle Menschen ohne Unterschied, und trauet Niemanden mehr die mindeste

J 5   Recht-

Rechtschaffenheit zu. Hast du nicht bemerkt, daß es also zu gehen pflegt? Sehr oft, antwortete ich. Ist dieses aber nicht schändlich? und heißt es nicht, ohne die geringste Einsicht in die menschliche Natur, von der menschlichen Gesellschaft Nutzen haben wollen? Wer nicht ganz ohne Nachdenken ist, findet hierinn gar leicht die Mittelstraße, die in der That auch die Wahrheit für sich hat. Der vollkommen guten oder bösen Menschen sind nur sehr wenige. Die mehresten halten ungefähr das Mittel zwischen beiden Grenzen: — Wie sagst du? fragte ich. — So wie etwa, sprach er, in Ansehung des Größten und Kleinsten, oder der übrigen Eigenschaften. Was ist seltner, als ein Mensch, Hund oder anderes Geschöpf, das sehr groß oder sehr klein, sehr schnell oder sehr langsam, außerordentlich schön, häßlich, schwarz, weiß, u. s. w. sey? Und hast du nicht auch bemerkt, daß in allen diesen Dingen das Aeußerste an beiden Seiten wenig und selten, das Mittelmäßige hingegen am allerhäufigsten angetroffen wird? Mich dünkt es, sprach ich. Meynest du nicht, versetzte er, wenn auf die äußerste Nichtswürdigkeit ein Preis gesetzt würde, daß sehr wenige Menschen denselben verdienen würden? Wahrscheinlicher Weise, antwortete ich. Höchst wahrscheinlicher Weise, fuhr er fort. Jedoch in diesem Punkte findet sich zwischen der Vernunft und zwischen dem menschlichen Geschlechte vielmehr eine Unähnlichkeit, als eine Aehnlichkeit: und ich bin durch deine ne Fragen auf diesen Abweg verleitet worden. Die Aehnlichkeit ist aber alsdann zu sehen, wann Jemand, ohne gehörige Untersuchung, und ohne Einsicht in die Natur der menschlichen Vernunft, irgend einen Schluß für wahr und bindig hält, und kurz darauf ihn wiederum unwahr zu finden glaubt, er möchte es nun an und für sich selbst seyn, oder nicht: — vornehmlich wenn dieses, so wie vorhin in Ansehung der Freundschaft, sich öfters zugetragen. Alsdann ergehet es ihm, wie jenen berüchtigten Tausendkünstlern, die so lange was man nur will verfechten und widerlegen, bis sie sich einbilden, die Weisesten unter den Sterblichen, ja die einzigen zu seyn, die da wahrgenommen, daß die Vernunft, so wie alle übrigen Dinge auf Erden, nichts Sicheres und Zuverläßiges habe; sondern daß alles, wie auf dem Euripus, im Meerstrudel auf und nieder schwanke, und keinen Augenblick an seiner vorigen Stelle bleibe. Es ist wahr, sagte ich. Wie aber, mein lieber Phädon! fuhr er fort: gesetzt, die Wahrheit sey an und für sich nicht nur zuverläßig und unveränderlich, sondern auch dem Menschen nicht ganz unerforschlich: und es ließe sich jemand von dergleichen Vorspiegelungen von Gründen und Gegengründen, die sich einander aufheben, dahin verleiten, daß er nicht sich und seiner Unfähigkeit die Schuld gäbe, sondern aus Unwillen sie lieber der Vernunft selbst zur Last legte, und die übrige Zeit seines Lebens alle Vernunftgründe hassete und verabscheuete,

scheuete, alle Wahrheit und alle Erkenntniß ferne von sich seyn ließe: wäre das Unglück dieses Menschen nicht bejammernswerth? Beym Jupiter! antwortete ich, sehr bejammernswerth. Wir müssen also fürs erste diesen Irrthum zu vermeiden, und uns zu überzeugen suchen, daß nicht die Wahrheit selbst ungewiß und schwankend, sondern unser Verstand öfters zu schwach sey, dieselbe feste zu halten, und sich ihrer zu bemeistern; daher wir unsere Kräfte und unsern Muth verdoppeln und immer neue Angriffe wagen müssen. Wir alle sind dazu verpflichtet, meine Freunde! Ihr des bevorstehenden Lebens, und ich des Todes halber; ja, ich habe so gar einen Bewegungsgrund dazu, der ziemlich nach gemeiner, unwissender Leute Denkungsart mehr rechtsüchtig, als Wahrheitliebend scheinen dürfte. Wenn diese etwas Zweifelhaftes zu untersuchen haben, so bekümmern sie sich wenig, wie die Sache an sich selber beschaffen sey, wenn sie nur Recht und ihre Meynungen von den Anwesenden Beyfall erhalten. Ich werde von diesen Leuten nur in einem Puncte unterschieden seyn. Denn daß ich die Anwesenden von meiner Meynung überführe, ist bey mir nur eine Nebenabsicht; meine vornehmste Sorge gehet dahin, mich selbst zu bereden, daß sie der Wahrheit gemäß sey, weil ich gar zu großen Vortheil dabey finde. Denn siehe, liebster Freund! ich mache folgenden Schluß: Ist die Lehre, die ich vortrage, gegründet, so thue ich wohl, daß ich mich davon überzeuge;

zeuge; ist aber den Verstorbenen keine Hoffnung mehr übrig, so gewinne ich wenigstens dieses, daß ich meinen Freunden noch vor meinem Tode nicht durch Klagen beschwerlich falle. Ich ergetze mich zuweilen an dem Gedanken, daß alles, was dem gesammten menschlichen Geschlechte wirklichen Trost und Vortheil bringen würde, wenn es wahr wäre, schon deswegen sehr viel Wahrscheinlichkeit für sich habe, daß es wahr sey. Wenn die Zweifelsüchtigen wider die Lehre von Gott und der Tugend vorwenden, sie sey eine bloße politische Erfindung, die zum Besten der menschlichen Gesellschaft erdacht worden: so möchte ich ihnen allezeit zurufen: O! meine Freunde! erdenket einen Lehrbegriff, welcher der menschlichen Gesellschaft so unentbehrlich ist, und ich wette, daß er wahr sey. Das menschliche Geschlecht ist zur Geselligkeit, so wie jedes Glied zur Glückseligkeit berufen. Alles, was auf eine allgemeine, sichere und beständige Weise zu diesem Endzwecke führen kann, ist unstreitig von dem weisesten Urheber aller Dinge als ein Mittel gewählt, und hervorgebracht worden. Diese schmeichelhafte Vorstellungen haben ungemein viel Tröstliches, und zeigen uns das Verhältniß zwischen dem Schöpfer und dem Menschen in dem erquickendsten Lichte: daher ich nichts so sehr wünsche, als mich von der Wahrheit derselben zu überzeugen. Jedoch, es wäre nicht gut, wenn meine Unwissenheit hierüber noch lange dauren sollte. Nein! ich werde bald davon befreyet werden. —

In

In dieser Verfassung, Simmias und Cebes! wende ich mich zu euren Einwürfen. Ihr, meine Freunde! wenn ihr meinem Rathe folgen wollet, so sehet mehr auf die Wahrheit, als auf den Sokrates. Findet ihr, daß ich der Wahrheit getreu bleibe, so gebt mir Beyfall; wo nicht, so widersetzet euch ohne die geringste Nachsicht: damit ich nicht, aus gar zu guter Meynung, euch und mich selbst hintergehe, und wie eine Biene, die ihren Stachel zurück läßt, von euch scheide. —

Wohlan, meine Freunde! merket auf, und erinnert mich, wo ich etwas von euren Gründen auslassen, oder unrichtig vortragen würde. Simmias räumet ein, daß unser Denkungsvermögen entweder für sich geschaffen seyn, oder durch die Zusammensetzung und Bildung des Körpers hervorgebracht werden muß: Nicht? — Richtig! — In dem ersten Falle, wenn die Seele nehmlich als ein für sich geschaffenes unkörperliches Ding zu betrachten ist, billiget er ferner die Reihe von Vernunftschlüssen, durch welche wir bewiesen, daß sie nicht mit dem Körper aufhören, durchaus nicht anders vergehen könne, als durch den allmächtigen Wink ihres Urhebers. Wird dieses noch zugegeben, oder stehet unter euch jemand noch an? — Wir stimmten alle willig ein. — Und daß dieser allgütige Urheber kein Werk seiner Hände jemals zernichte: so viel ich mich er-

erinnere, hat auch hieran Niemand gezweifelt. —
Niemand. — Aber dieses befürchtet Simmias:
Vielleicht ist unser Vermögen zu empfinden und zu
denken kein für sich erschaffenes Wesen; sondern, wie
die Harmonie, wie die Gesundheit, oder wie das Leben der Pflanzen und der Thiere, die Eigenschaft eines künstlich gebildeten Körpers: war es nicht dieses,
was du besorgtest? — Eben dieses, mein Sokrates! — Wir wollen sehen, sprach er, ob dasjenige, was wir von unserer Seele wissen, und, so oft
wir wollen, erfahren können, nicht deine Besorgniß
unmöglich machet. Was geschiehet bey der künstlich-
sten Bildung oder Zusammensetzung der Dinge? werden da nicht gewisse Dinge näher zusammengebracht,
die vorhin von einander entfernet waren? — Allerdings! — Sie sind vorhin mit andern in Verbindung gewesen, und nunmehr werden sie unter sich
verbunden, und machen die Bestandtheile des Ganzen aus, daß wir ein Zusammengesetztes nennen. — Gut! — Durch diese Verbindung der
Theile entstehet erstlich in der Art und Weise, wie diese
Bestandtheile neben einander sind, eine gewisse Ordnung, die mehr oder weniger vollkommen ist. —
Richtig! — So dann werden auch die Kräfte und
Wirksamkeiten der Bestandtheile durch die Zusammensetzung mehr oder weniger verwandelt, nachdem sie
durch Wirkung und Gegenwirkung bald gehemmet,
bald befördert, und bald in ihrer Richtung verändert
wer-

werden: Nicht? — Es scheinet. — Der Urheber einer solchen Zusammensetzung siehet bald einzig und allein auf das Nebeneinanderseyn der Theile: Z. B. bey der Wohlgereimtheit und dem Ebenmaß in der Baukunst, wo nichts als diese Ordnung der Nebeneinanderseyenden in Betrachtung kömmt; bald hingegen gehet seine Absicht auf die veränderte Wirksamkeit der Bestandtheile, und die daraus erfolgte Kraft des Zusammengesetzten, wie bey einigen Triebwerken und Maschinen; ja es giebt dergleichen, wo man deutlich siehet, daß der Künstler sein Absehen auf beides, auf die Ordnung der Theile und auf die Abänderung ihrer Wirksamkeit, zugleich gerichtet hat. — Der menschliche Künstler, sprach Simmias, vielleicht etwas selten, aber der Urheber der Natur scheinet diese Absichten allezeit auf das allervollkommenste verbunden zu haben. — Vortreflich, versetzte Sokrates; jedoch ich verfolge diese Nebenbetrachtung nicht weiter. Sage mir nur dieses, mein Simmias! kann durch die Zusammensetzung eine Kraft im Ganzen entstehen, die nicht in der Wirksamkeit der Bestandtheile ihren Grund hat? — Wie meynst du? mein Sokrates! — Wenn alle Theile der Materie, ohne Wirkung und Widerstand, in einer todten Ruhe nebeneinander lägen, würde die künstlichste Ordnung und Versetzung derselben, im Ganzen irgend eine Bewegung, einen Widerstand, überhaupt eine Kraft hervorbringen können? — Es scheinet

net nicht, antwortete Simmias; aus unwirksamen Theilen kann wohl kein wirksames Ganzes zusammengesetzt werden. — Gut! sprach er, wir können diesen Grundsatz also annehmen. Allein wir bemerken gleichwohl, daß in dem Ganzen Uebereinstimmung und Ebenmaß angetroffen werden kann, ob gleich jeder Bestandtheil für sich weder Harmonie, noch Ebenmaß hat: wie gehet dieses zu? Kein einzelner Laut ist harmonisch: und gleichwohl machen viele zusammen eine Harmonie aus. Ein wohlgeordnetes Gebäude kann aus Steinen bestehen, die weder Ebenmaß noch Regelmäßigkeit haben. Warum kann ich hier aus unharmonischen Theilen ein harmonisches Ganzes, aus regellosen Theilen ein höchst regelmäßiges Ganzes zusammensetzen? — O! dieser Unterschied ist handgreiflich, versetzte Simmias, Ebenmaß, Harmonie, Regelmäßigkeit, Ordnung, u. s. w. können, ohne Mannigfaltigkeit, nicht gedacht werden: denn sie bedeuten das Verhältniß verschiedener Eindrücke, wie sie sich uns, zusammengenommen, und in Vergleichung gegeneinander, darstellen. Es gehört also zu diesen Begriffen ein Zusammennehmen, eine Vergleichung mannigfaltiger Eindrücke, die zusammen ein Ganzes ausmachen, und sie können daher den einzelnen Theilen unmöglich zukommen. — Fahre fort, mein lieber Simmias! rief Sokrates mit einem innern Wohlgefallen über die Scharfsinnigkeit seines Freundes; sage

K   uns

uns auch dieses: Wenn jeder einzelne Laut nicht einen Eindruck in das Gehör machen sollte, würde aus vielen wohl eine Harmonie entstehen können? — Unmöglich! — So auch mit dem Ebenmaße: Jeder Theil muß in das Auge wirken, wenn aus vielen das, was wir Ebenmaß nennen, entstehen soll. — Nothwendiger Weise. — Wir sehen also auch hier, daß im Ganzen keine Wirksamkeit entstehen kann, wovon der Grund nicht in den Bestandtheilen anzutreffen, und daß alles übrige, was aus den Eigenschaften der Elemente und Bestandtheile nicht fließt, wie die Ordnung, Symmetrie, u. s. w. einzig und allein in der Art der Zusammensetzung zu suchen sey. Sind wir von diesem Satze überzeugt? meine Freunde! — Vollkommen. — Es kömmt also bey jeder, auch der allerkünstlichsten Zusammensetzung der Dinge, zweyerley zu betrachten vor: erstlich, die Folge und Ordnung der Bestandtheile in der Zeit oder im Raume; sodann, die Verbindung der ursprünglichen Kräfte, und die Art und Weise, wie sie sich im Zusammengesetzten äußern. Durch die Anordnung und Lage der Theile werden zwar die Wirkungen der einfachen Kräfte eingeschränkt, bestimmt und abgeändert, aber niemals kann durch die Zusammensetzung eine Kraft oder Wirksamkeit erhalten werden, deren Ursprung nicht in den Grundtheilen zu suchen ist. Ich verweile mich hier ein wenig bey diesen subtilen Grundbetrachtungen, meine Freunde! wie ein Wettläufer,

der

der zu verschiedenen malen ansetzt, um alsdann mit vermehrtem Triebe fortzueilen, sich um das Ziel herum zu schwenken, und, wenn ihm die Götter Glück und Ruhm beschieden, den Sieg davon zu tragen. Erwäge es mit mir, mein lieber Simmias! wenn unser Vermögen zu empfinden und zu denken kein für sich erschaffenes Wesen, sondern eine Eigenschaft des Zusammengesetzten seyn soll: muß es nicht entweder, wie Harmonie und Ebenmaß, aus einer gewissen Lage und Ordnung der Theile erfolgen, oder, wie die Kraft des Zusammengesetzten, seinen Ursprung in der Wirksamkeit der Bestandtheile haben? — Allerdings, da, wie wir gesehen, kein Drittes sich gedenken läßt. — In Ansehung der Harmonie haben wir gesehen, daß z. B. jeder einzelne Laut nichts Harmonisches hat, und die Uebereinstimmung bloß in Gegeneinanderhaltung und Vergleichung verschiedener Laute bestehe: Nicht? — Richtig! — Eine gleiche Bewandniß hat es mit der Symmetrie und Regelmäßigkeit eines Gebäudes: sie besteht in der Zusammenfassung und Vergleichung vieler einzelnen unregelmäßigen Theile. Dieses ist nicht zu leugnen. Aber diese Vergleichung und Gegeneinanderhaltung, ist sie wohl etwas anders, als die Wirkung des Denkungsvermögens? und wird sie, außer dem denkenden Wesen, irgendwo in der Natur anzutreffen seyn? — Simmias wußte nicht, was er hierauf antworten sollte. — In der undenkenden Natur, fuhr So-

K 2 krates

krates fort, folgen einzelne Laute, einzelne Steine auf und neben einander. Wo ist hier Harmonie, Symmetrie, oder Regelmäßigkeit? Wenn kein denkendes Wesen hinzukömmt, das die mannigfaltigen Theile zusammennimmt, gegeneinander hält, und in dieser Vergleichung eine Uebereinstimmung wahrnimmt, so weiß ich sie nirgend zu finden; oder weißt du, mein lieber Simmias! in der seelenlosen Natur ihre Spur aufzusuchen? — Ich muß mein Unvermögen bekennen, war seine Antwort, ob ich gleich merke, wohin dieses abzielet. — Eine glückliche Vorbedeutung! rief Sokrates, wenn den Gegner selbst seine Niederlage ahndet. Antworte mir indessen unverdrossen, mein Freund! denn du hast keinen geringen Theil an dem Siege, den wir über dich selbst zu erhalten hoffen: Kann der Ursprung einer Sache aus ihren eignen Wirkungen erkläret werden? — Auf keinerley Weise. — Ordnung, Ebenmaß, Harmonie, Regelmäßigkeit, überhaupt alle Verhältnisse, die ein Zusammennehmen und Gegeneinanderhalten des Mannigfaltigen erfodern, sind Wirkungen des Denkungsvermögens. Ohne Hinzuthun des denkenden Wesens, ohne Vergleichung und Gegeneinanderhaltung der mannigfaltigen Theile ist das regelmäßigste Gebäude ein bloßer Sandhaufen, und die Stimme der Nachtigall nicht harmonischer, als das Aechzen der Nachteule. Ja ohne diese Wirkung giebt es in der Natur kein Ganzes, das aus

vielen

Zweytes Gespräch.

verworfen. Aber vielleicht ist dieses denkende Vermögen eine von den Thätigkeiten des Zusammengesetzten, wie die Kraft der Bewegung, der Ausdehnung, des Zusammenhängens u. s. w. die von der Lage und Bildung der Theile wesentlich unterschieden, und dennoch nirgend anders, als im Zusammengesetzten, anzutreffen sind? Ist dieses nicht der einzige Ueberrest des Zweifels, den wir bestreiten? mein werther Simmias! — Richtig! — Wir wollen also diesen Fall setzen, fuhr Sokrates fort, und annehmen, unsere Seele sey eine Wirksamkeit des Zusammengesetzten. Wir haben gefunden, daß alle Wirksamkeiten des Zusammengesetzten aus den Kräften der Bestandtheile fließen müssen: werden also, nach unserer Voraussetzung, die Bestandtheile des denkenden Körpers nicht Kräfte haben müssen, aus denen im Zusammengesetzten das Vermögen zu denken resultiret? — Allerdings! — Aber die Kräfte dieser Bestandtheile, von welcher Natur und Beschaffenheit wollen wir sie annehmen? sollen sie der denkenden Thätigkeit ähnlich oder unähnlich seyn? — Diese Frage begreife ich nicht recht, war Simmias Antwort. — Eine einzelne Sylbe, sprach Sokrates, hat mit der ganzen Rede dieses gemein, daß sie vernehmlich ist; aber die ganze Rede hat einen Verstand, die Sylbe keinen: Nicht? — Richtig! — Indem also nur jede Sylbe ein zwar vernehmliches, aber verstandleeres Gefühl erregt, so entspringet aus

ihrem

ihrem Inbegriffe dennoch ein verständiger Sinn, der auf unsere Seele wirkt. Allhier entspringet die Wirksamkeit des Ganzen aus den Kräften der Theile, die ihnen unähnlich sind. — Dieses läßt sich begreifen. — In Ansehung der Harmonie, Ordnung und Schönheit haben wir ein gleiches wahrgenommen. Das Wohlgefallen, das sie in der Seele wirken, enspringet aus den Eindrücken der Bestandtheile, deren jeder weder Wohlgefallen noch Mißfallen erregen kann. — Gut! — Abermals ein Beyspiel, daß die Thätigkeit des Ganzen aus Kräften der Bestandtheile, die ihnen unähnlich sind, entspringen könne. — Ich gebe es zu. — Ich weiß nicht, ob ich nicht vielleicht zu weit gehe, mein Freund! aber ich stelle mir vor, alle Thätigkeiten körperlicher Dinge können aus solchen Kräften des Urstoffs entspringen, die ihnen ganz unähnlich sind. Die Farbe z. B. kann vielleicht in solche Eindrücke aufgelöset werden, die nichts gefärbtes haben, und die Bewegung selbst entspringet vielleicht aus ursprünglichen Kräften, die nichts weniger als Bewegung sind. — Dieses würde einen Beweis erfodern, sprach Simmias. — Es ist aber vorjetzt nicht nöthig, daß wir uns hierbey aufhalten, sprach jener; es ist genug, daß ich durch Beyspiele erläutert, was ich unter den Worten verstehe: die Wirksamkeit des Ganzen könne aus Kräften der Bestandtheile, die ihnen unähnlich sind, entspringen. Ist dieses nunmehro

vielen außer einander seyenden Theilen bestehet; denn diese Theile haben ein jedes sein eignes Daseyn, und sie müssen gegen einander gehalten, verglichen, und in Verbindung betrachtet werden, wenn sie ein Ganzes ausmachen sollen. Das denkende Vermögen, und dieses allein in der ganzen Natur, ist fähig, durch eine innerliche Thätigkeit Vergleichungen, Verbindungen und Gegeneinanderhaltungen wirklich zu machen: daher der Ursprung alles Zusammengesetzten, der Zahlen, Größen, Symmetrie, Harmonie u. s. w. in so weit sie ein Vergleichen und Gegeneinanderhalten erfordern, einzig und allein in dem denkenden Vermögen zu suchen seyn muß. Und da dieses zugegeben wird, so kann ja dieses Denkungsvermögen selbst, die Ursache aller Vergleichung und Gegeneinanderhaltung, unmöglich aus diesen ihren eigenen Verrichtungen entspringen, unmöglich in einer Verhältniß, Harmonie, Symmetrie, unmöglich in einem Ganzen bestehen, das aus außereinander seyenden Theilen zusammengesetzt ist: denn alle diese Dinge setzen die Wirkungen und Verrichtungen des denkenden Wesens voraus, und können nicht anders, als durch dieselben, wirklich werden. — Dieses ist sehr deutlich, versetzte Simmias. — Da ein jedes Ganzes, das aus Theilen, die außer einander sind, bestehet, ein Zusammennehmen und Vergleichen dieser Theile zum voraus setzet, dieses Zusammennehmen und Vergleichen aber die Verrichtung eines Vorstellungsstellungsvermögens seyn muß: so kann ich den Ursprung dieses Vorstellungsvermögens selbst nicht in ein Ganzes setzen, das aus solchen auseinanderseyenden Theilen bestehet, ohne eine Sache durch ihre eigenen Verrichtungen entstehen zu lassen. Und eine solche Ungereimtheit haben die Fabeldichter selbst, so viel ich weiß, noch niemals gewagt. Niemand hat noch den Ursprung einer Flöte in das Zusammenstimmen ihrer Töne, oder den Ursprung des Sonnenlichts in den Regenbogen gesetzt. — Wie ich vermerke, mein lieber Sokrates! ist nunmehro auch der Ueberrest unsers Zweifels dahin. — Er verdienet indessen besonders erwogen zu werden, erwiederte jener, wenn ich anders durch diese dornigten Untersuchungen eure Geduld nicht ermüde. Wage es immer, Freund! rief ihm Kriton zu, auch die Geduld dieser auf die Probe zu setzen. Du hast der meinigen wenigstens nicht geschonet, als ich auf die Ausführung eines Vorschlages drang ,, Nichts von einer Sache, fiel ihm Sokrates in das Wort, die nunmehr ihre zuverläßige Richtigkeit hat. Wir haben hier Dinge zu untersuchen, die noch dem Zweifel unterworfen zu seyn scheinen. Zwar dieses nicht mehr, daß unser Vermögen zu empfinden und zu denken in der Lage, Bildung, Ordnung und Harmonie körperlicher Bestandtheile zu suchen seyn sollte: dieses haben wir, ohne weder der Allmacht noch der Weisheit Gottes zu nahe zu treten, als unmöglich

ver-

Theilbarkeit reichen kann, müssen diese nicht auch dergleichen Vorstellungsthätigkeiten haben? — Unstreitig! da jeder Bestandtheil wieder ein Ganzes ist, das aus kleinern Theilen bestehet, und unsre Vernunftschlüsse so lange fortgesetzet werden können, bis wir auf Grundtheile kommen, die einfach sind und nicht aus vielen bestehen. — Sage mir, mein lieber Simmias! finden wir nicht in unsrer Seele eine fast unendliche Menge von Begriffen, Erkenntnissen, Neigungen, Leidenschaften, die uns unaufhörlich beschäftigen? — Allerdings! — Wo wären diese in den Theilen anzutreffen? Entweder zerstreuet, einige in diesem, andere in jenem, ohne jemals wiederholt zu werden; oder es giebt wenigstens ein einziges unter ihnen, das alle diese Erkenntnisse, Begierden und Abneigungen, so viel ihrer in unsrer Seele anzutreffen, vereiniget und in sich fasset. — Nothwendig eines von beiden, gab Simmias zur Antwort, und wie mich dünkt, dürfte der erste Fall unmöglich seyn: denn alle Vorstellungen und Neigungen unsers Geistes sind so innerlich verknüpft und vereiniget, daß sie nothwendig auch irgend wo unzertrennt zugegen seyn müssen. — Du eilst mir mit starken Schritten entgegen, mein lieber Simmias! Wir würden weder uns erinnern, noch überlegen, noch vergleichen, noch denken können, ja wir würden nicht einmal die Person seyn, die wir vor einem Augenblick gewesen, wenn unsere Begriffe unter vielen vertheilet und nicht

irgend

irgend wo zusammen in ihrer genauesten Verbindung anzutreffen wären. Wir müssen also wenigstens eine Substanz annehmen, die alle Begriffe der Bestandtheile vereiniget, und diese Substanz wird sie aus Theilen zusammengesetzt seyn können? — Unmöglich, sonst brauchen wir wieder ein Zusammennehmen und Gegeneinanderhalten, damit aus den Theilen ein Ganzes werde, und wir kommen wiederum dahin, wo wir ausgegangen sind. — Sie wird also einfach seyn? — Nothwendig! — Auch unausgedehnt? denn das Ausgedehnte ist theilbar, und das Theilbare nicht einfach: — Richtig! — Es giebt also in unserm Körper wenigstens eine einzige Substanz, die nicht ausgedehnt, nicht zusammengesetzt, sondern einfach ist, eine Vorstellungskraft hat, und alle unsere Begriffe, Begierden und Neigungen in sich vereiniget. Was hindert uns, diese Substanz Seele zu nennen? — Es ist gleichviel, vortreflicher Freund! erwiederte Simmias, welchen Namen wir ihr geben, genug daß mein Einwurf bey ihr nicht stattfindet, und alle deine Vernunftschlüsse, die du für die Unvergänglichkeit des denkenden Wesens vorgebracht, nunmehr unumstößlich sind. — Lasset uns noch dieses in Erwägung ziehen, versetzte jener: Wenn viele dergleichen Substanzen in einem menschlichen Körper zusammen wären, ja wenn wir alle Grundelemente unsers Körpers für Substanzen von dieser Natur halten wollten, würden meine Vernunftgründe für die

Unver-

mehro deutlich? — Vollkommen! — Nach unserer Voraussetzung also würden die Kräfte der Bestandtheile entweder selbst Vorstellungskräfte, und also der Kraft des Ganzen, die aus ihnen entspringen soll, ähnlich, oder von einer ganz andern Beschaffenheit, und daher unähnlich seyn. Giebt es ein Drittes? Unmöglich! — Antworte mir aber auch auf dieses, mein Lieber! Wenn aus einfachen Kräften eine von ihnen verschiedene Kraft im Zusammengesetzten entspringen soll, wo kann diese Verschiedenheit anzutreffen seyn? Außer dem denkenden Wesen sind die Kräfte des Ganzen nichts anders, als die einzelnen Kräfte der einfachen Bestandtheile, wie sie sich durch Wirkungen und Gegenwirkungen einander abändern, und einschränken. Von dieser Seite findet also die Unähnlichkeit nicht statt, und wir müssen abermals unsere Zuflucht zu dem denkenden Wesen nehmen, das die Kräfte in Verbindung und zusammengenommen sich anders vorstellet, als sie dieselben einzeln und ohne Verbindung denken würde. Ein Beyspiel hievon siehet man, außer der Harmonie, auch an den Farben. Bringet zwo verschiedene Farben in einen so kleinen Raum zusammen, daß sie das Auge nicht unterscheiden kann: so werden sie außer uns noch immer getrennet, und eine jede für sich bleiben; aber unsere Empfindung wird sich gleichwohl aus derselben eine Dritte zusammensetzen, die mit jenen nichts gemein hat. Eine ähnliche Beschaffenheit

heit hat es mit dem Geschmack, und, wo ich nicht irre, mit allen unsern Fühlungen und Empfindungen überhaupt. Sie können durch die Zusammensetzung und Verbindung zwar an und für sich nicht anders werden, als sie einzeln sind; wohl aber dem denkenden Wesen, das sie nicht deutlich auseinander setzen kann, anders scheinen, als sie ohne Verbindung scheinen würden. — Dieses kann zugegeben werden, sprach Simmias. — Kann also das denkende Wesen seinen Ursprung in einfachen Kräften haben, die nicht denkend sind? — Unmöglich! da wir vorhin gesehen, daß das Vermögen zu denken in keinem Ganzen, das aus vielen bestehet, seinen Ursprung haben könne. — Ganz recht! erwiederte Sokrates: das Zusammennehmen der einfachen Kräfte, aus welchen eine unähnliche Kraft des Zusammengesetzten entspringen soll, setzet ein denkendes Wesen zum voraus, dem sie in Verbindung anders scheinen, als sie sind; daher kann aus diesem Zusammennehmen, aus dieser Verbindung unmöglich das denkende Wesen entspringen. Wenn also das Empfinden und Denken, mit einem Worte, das Vorstellen eine Kraft des Zusammengesetzten seyn soll: müssen die Kräfte der Bestandtheile nicht der Kraft des Ganzen ähnlich und folglich gleichfalls Vorstellungskräfte seyn? — Wie wäre es anders möglich, nachdem es kein Drittes geben kann? — Und die Theile dieser Bestandtheile, so weit nur immer die

Theil-

Unvergänglichkeit dadurch etwas von ihrer Bündigkeit verlieren? oder würde uns eine solche Voraussetzung nicht vielmehr nöthigen, statt Eines unvergänglichen Geistes viele zu gestatten, und also mehr einzuräumen, als wir zu unserm Vorhaben verlangten? Denn eine jede von diesen Substanzen würde, wie wir vorhin gesehen, den ganzen Innbegriff aller Vorstellungen, Wünsche und Begierden, des ganzen Menschen in sich fassen, und also, was den Umfang der Erkenntniß betrifft, würde ihre Kraft nicht eingeschränkter seyn können, als die Kraft des Ganzen. — Unmöglich eingeschränkter. — Und wie an Deutlichkeit, Wahrheit, Gewisheit und Leben der Erkenntniß? Setze viele verworrene, mangelhafte und schwankende Begriffe neben einander, wird dadurch ein aufgeklärter, vollständiger und bestimmter Begriff hervorgebracht? — Es scheinet nicht. — Wo nicht ein Geist hinzu kömmt, der sie vergleichet, und durch Nachdenken und Ueberlegen sich eine vollkommenere Erkenntniß aus derselben selbst bildet: so hören sie in Ewigkeit nicht auf, viele verworrene, mangelhafte und schwankende Begriffe zu seyn. — Richtig! — Die Bestandtheile der denkenden Materie würden also Vorstellungen haben müssen, die eben so deutlich, eben so wahr, eben so vollkommen sind, als die Vorstellungen des Ganzen; denn aus weniger deutlichen, weniger wahren u. s. w. läßt sich keine Erkenntniß durch Zusammensetzen herausbringen, die einen größern Grad von

die-

diesen Vollkommenheiten haben sollte. — Dieses ist nicht zu leugnen. — Heißt aber dieses nicht, statt Eines vernünftigen Geistes, den wir in jeden menschlichen Körper setzen wollten, ganz ohne Noth eine unzählige Menge derselben annehmen? — Freylich. — Und diese Menge der denkenden Substanzen selbst wird sich wahrscheinlicher Weise an Vollkommenheit einander nicht gleich seyn; denn dergleichen unnütze Vervielfältigungen finden in diesem wohl geordneten Weltall nicht statt. — Die allerhöchste Vollkommenheit ihres Schöpfers, antwortete Simmias, läßt uns dieses mit Zuverläßigkeit schließen. — Also wird eine unter den denkenden Substanzen, die wir in den menschlichen Körper gesetzt, die vollkommenste unter ihnen seyn, und folglich die deutlichsten und aufgeklärtesten Begriffe haben: Nicht? — Nothwendiger Weise! — Diese einfache Substanz, die unausgedehnt ist, Vorstellungsvermögen besitzt, die vollkommenste unter den denkenden Substanzen ist, die in mir wohnen, und alle Begriffe, deren ich mir bewußt bin, in eben der Deutlichkeit, Wahrheit, Gewißheit, u. s. w. in sich fasset, ist dieses nicht meine Seele? — Nichts anders, mein theurer Sokrates! — Mein lieber Simmias! nunmehr ist es Zeit, einen Blick hinter uns auf den Weg zu werfen, den wir zurück gelegt. Wir haben voraus gesetzt, das Denkungsvermögen sey eine Eigenschaft des Zusammengesetzten, und, wie wunderbar! aus dieser

Vor-

Voraussetzung selbst bringen wir, durch eine Reihe von Vernunftschlüssen, den schnurstracks entgegengesetzten Satz heraus, daß nehmlich das Empfinden und Denken nothwendig Eigenschaften des Einfachen und nicht Zusammengesetzten seyn müßten: ist dieses nicht ein hinlänglicher Beweis, daß jene Voraussetzung unmöglich, sich selbst widersprechend, und also zu verwerfen sey? — Niemand kann dieses in Zweifel ziehen. — Ausdehnung und Bewegung, fuhr Sokrates fort, in diese Grundbegriffe läßt sich, wie wir gesehen, alles auflösen, was dem Zusammengesetzten zukommen kann; die Ausdehnung ist der Stoff, und die Bewegung die Quelle, aus welchen die Veränderungen entspringen. Beyde zeigen sich in der Zusammensetzung unter tausend mannigfaltigen Gestalten, und stellen in der körperlichen Natur die unendliche Reihe wundervoller Bildungen dar, vom kleinsten Sonnenstäublein bis zu jener Herrlichkeit der himmlischen Sphären, die von den Dichtern für den Sitz der Götter gehalten werden. Alle kommen darinn überein, daß ihr Stoff Ausdehnung, und ihre Wirksamkeit Bewegung ist. Aber Wahrnehmen, Vergleichen, Schließen, Begehren, Wollen, Lust und Unlust empfinden, erfordern eine von Ausdehnung und Bewegung ganz verschiedene Bestandheit, einen andern Grundstoff, andere Quellen der Veränderungen. In einem einfachen Grundwesen muß hier vieles vorgestellet, das Außeinanderseyende zusammen begriffen, das Man-

nig-

nigfaltige gegeneinander gehalten, und das Verschiedene in Vergleichung gebracht werden. Was in dem weiten Raum der Körperwelt zerstreuet ist, dränget sich hier, ein Ganzes auszumachen, wie in einem Punkt zusammen, und was nicht mehr ist, wird in dem gegenwärtigen Augenblick mit dem, was noch werden soll, in Vergleichung gebracht. Allhier erkenne ich weder Ausdehnung noch Farbe, weder Ruhe noch Bewegung, weder Raum noch Zeit, sondern ein innerlich wirksames Wesen, das Ausdehnung und Farbe, Ruhe und Bewegung, Raum und Zeit sich vorstellet, verbindet, trennet, vergleichet, wählet, und noch tausend anderer Beschaffenheiten fähig ist, die mit Ausdehnung und Bewegung nicht die mindeste Gemeinschaft haben. Lust und Unlust, Begierden und Verabscheuungen, Hoffnung und Furcht, Glückseligkeit und Elend, sind keine Ordveränderungen kleiner Erdstäublein. Bescheidenheit, Menschenliebe, Wohlwollen, das Entzücken der Freundschaft und das hohe Gefühl der Gottesfurcht sind etwas mehr, als die Wallungen des Geblüts, und das Schlagen der Pulsadern, von welchen sie begleitet zu werden pflegen. Dinge von so verschiedener Art, mein lieber Simmias! von so verschiedenen Eigenschaften können, ohne die äusserste Unachtsamkeit, nicht mit einander verwechselt werden. — Ich bin völlig befriediget, war Simmias Antwort. — Noch eine kleine Anmerkung, versetzte jener, bevor ich mich zu dir wende, mein Cebes!

bes! Das erste, was wir von dem Körper und seinen Eigenschaften wissen, ist es etwas mehr, als die Art und Weise, wie er sich unsern Sinnen darstellet? —

Etwas deutlicher, mein lieber Sokrates! — Ausdehnung und Bewegung sind Vorstellungen des denkenden Wesens von dem, was außer ihm wirklich ist: Nicht? — Zugegeben! — Wir mögen die zuverläßigsten Gründe haben, versichert zu seyn, daß die Dinge außer uns nicht anders sind, als sie uns ohne Hinderniß erscheinen: gehet nicht aber diesem ohngeachtet allezeit die Vorstellung selbst voran, und die Versicherung, daß ihr Gegenstand wirklich ist, folget nachher? — Wie ist es anders möglich, versetzte Simmias, da wir vom Daseyn der Dinge außer uns nicht anders, als durch ihre Eindrücke benachrichtiget werden können? — In der Reihe unserer Erkenntniß gehet also allezeit das denkende Wesen voran, und das ausgedehnte Wesen folget; wir erfahren zuerst, daß Begriffe, und folglich ein begreifendes Wesen, wirklich seyn, und von ihnen schließen wir auf das wirkliche Daseyn des Körpers und seine Eigenschaften. Wir können uns von dieser Wahrheit auch dadurch überzeugen, weil der Körper, wie wir vorhin gesehen, ohne Verrichtung des denkenkenden Wesens kein Ganzes ausmachen, und die Bewegung selbst, ohne Zusammenhalten des Vergangenen mit dem Gegenwärtigen, keine Bewegung seyn würde. Wir mögen die Sache also betrachten von welcher Seite wir wollen, so stößt uns allezeit die Seele mit ihren Verrichtungen zuerst auf, und sodann folget der Körper mit seinen Veränderungen. Das Begreifende gehet allezeit vor dem bloß Begreiflichen her. — Dieser Begriff scheinet fruchtbar, meine Freunde! sprach Cebes. — Wir können die ganze Kette von Wesen, fuhr Sokrates fort, vom Unendlichen an, bis auf das kleinste Stäublein in drey Glieder eintheilen. Das erste Glied begreift, kann aber von andern nicht begriffen werden: dieses ist der Einzige, dessen Vollkommenheit alle endlichen Begriffe übersteiget. Die erschaffenen Geister und Seelen machen das zweyte Glied: Diese begreifen und können von andern begriffen werden. Die Körperwelt ist das letzte Glied, die nur von andern begriffen werden, aber nicht begreifen kann. Die Gegenstände dieses letzten Gliedes sind, so wohl in der Reihe unserer Erkenntniß, als im Daseyn selbst, außer uns, allezeit die hintersten in der Ordnung, indem sie allezeit die Wirklichkeit eines begreifenden Wesens voraussetzen: wollen wir dieses einräumen? — Wir können nicht anders, sprach Simmias, nachdem

dem das vorige alles hat zugegeben werden müssen. — Und gleichwohl, fuhr Sokrates fort, nimmt die Meynung der Menschen mehrentheils den Rückweg von dieser Ordnung. Das erste, davon wir versichert zu seyn glauben, ist der Körper und seine Veränderungen; diese bemeistern sich so sehr aller unserer Sinne, daß wir eine Zeit lang das materielle Daseyn für das einzige, und alles übrige für Eigenschaften desselben halten. — Mich freuet es, sprach Simmias, daß du selbst, wie du nicht undeutlich zu verstehen giebst, diesen verkehrten Weg gegangen bist. — Allerdings, mein Lieber! versetzte Sokrates. Die ersten Meynungen aller Sterblichen sind sich einander ähnlich. Dieses ist die Rhede, von welcher sie insgesamt ihre Fahrt antreten. Sie irren, die Wahrheit suchend, auf dem Meere der Meynungen auf und nieder, bis ihnen Vernunft und Nachdenken, die Kinder Jupiters, in die Segel leuchten, und eine glückliche Anlandung verkündigen. Vernunft und Nachdenken führen unsern Geist von den sinnlichen Eindrücken der Körperwelt zurück in seine Heimat, in das Reich der denkenden Wesen, vorerst zu seines Gleichen, zu erschaffenen Wesen, die, ihrer Endlichkeit halber, auch von andern gedacht und deutlich begriffen werden können. Von diesen erheben sie ihn zu jener Urquelle des Denkenden und

Gedenk-

Gedenkbaren, zu jenem alles begreifenden, aber allen unbegreiflichen Wesen, von dem wir, zu unserm Troste, so viel wissen, daß alles, was in der Körperwelt und in der Geisterwelt gut, schön und vollkommen ist, von ihm seine Wirklichkeit hat, und durch seine Allmacht erhalten wird. Mehr braucht es nicht zu unserer Beruhigung, zu unserer Glückseligkeit in diesem und in jenem Leben, als von dieser Wahrheit überzeugt, gerührt, und in dem Innersten unsers Herzens ganz durchdrungen zu seyn.

Ende des zweyten Gesprächs.

Drittes Gespräch.

Nach einigem Stillschweigen wendete sich Sokrates zum Cebes und sprach: Mein lieber Cebes! seitdem du von dem Wesen der Unsterblichen richtigere Begriffe erlangt hast, was dünkt dich von den Fabellehrern, die öfters einen Gott auf die Verdienste eines Sterblichen neidisch, und wider denselben bloß aus Mißgunst feindlich gesinnt seyn lassen? — Du weißt es, Sokrates! was wir von dergleichen Lehrern und ihren Erdichtungen zu halten gelernt haben. — Haß und Neid, diese niederträchtigen Leidenschaften, die die menschliche Natur so sehr entehren, müssen der göttlichen Heiligkeit schnurstracks widersprechen. — Ich bin hievon überzeugt. — Du glaubst also nunmehr zuverläßig, und ohne die geringste Bedenklichkeit, daß du, wir, und alle unsere Nebenmenschen von jenem allerheiligsten Wesen, das uns hervorgebracht, nicht beneidet, nicht gehaßt, nicht verfolgt, sondern auf das zärtlichste geliebt werden? — Richtig! — In dieser festen Ueberzeugung kann dir niemals die mindeste Furcht anwandeln, daß der Allerhöchste dich zur ewigen Qual berufen, und, du seyest schuldig oder unschuldig, unaufhörlich würde elend seyn lassen? — Niemals, niemals! rief Apollodorus, an den die Frage doch gar nicht gerichtet gewesen, und Cebes begnügte sich einzustimmen. — Wir wollen diesen Satz, fuhr Sokrates fort, daß uns Gott nicht zum ewigen Elende bestimmt, zum Maßstabe für die Gewißheit unserer Erkenntniß annehmen, so oft von zukünftigen Dingen die Rede ist, die einzig und allein von dem Willen des Allerhöchsten abhängen. Aus der Natur und den Eigenschaften erschaffener Dinge läßt sich in diesem Falle nichts mit Gewißheit schliessen: denn aus diesen folgen nur diejenigen Sätze, die an und für sich unveränderlich sind, und also von der Erkenntniß des Allerhöchsten, nicht von seinem Gutfinden, abhängen. Zu den göttlichen Vollkommenheiten müssen wir uns in dergleichen Untersuchungen wenden, und zu erforschen suchen, was mit denselben übereinstimmt, und was ihnen widerspricht. Wovon wir überzeugt sind, daß es denselben nicht gemäß sey, das können wir verwerfen, und für so unmöglich halten, als wenn es mit der Natur und dem Wesen des untersuchten Dinges selbst stritte. Eine ähnliche Frage ist die, mein Cebes! die wir auf Veranlassung deines Einwurfs nunmehr zu untersuchen haben. Du räumest es ein, mein Freund! daß die Seele ein einfaches Wesen sey, das ohne den Körper seine eigene Bestandheit hat: Nicht? — Richtig! — Du giebst ferner zu, daß sie unvergänglich sey? — Hievon bin ich überzeugt. — So weit, fuhr Sokrates fort, haben uns unsere Begriffe von

der

der Natur der Ausdehnung und der Vorstellung geführet. Aber nunmehro entstehen Zweifel über das zukünftige Schicksal des menschlichen Geistes, das in so weit einzig und allein von dem Willen und von dem Gutfinden des Allerhöchsten abhängt. Wird er den Geist des Menschen in einem wachenden Zustande, des Gegenwärtigen und des Vergangenen wohl bewußt, in Ewigkeit fortdauren lassen? oder hat er denselben bestimmt, mit dem Hintritt seines Körpers in einen dem Schlaf ähnlichen Zustand zu versinken, und niemals zu erwachen? War es dieses nicht, was dir noch ungewiß schien? — Eben dieses, mein Sokrates! — Daß eine gänzliche Beraubung alles klaren Bewußtseyns, aller Besinnung, wenigstens auf eine kurze Zeit, nicht unmöglich sey, lehret Schlaf, Ohnmacht, Schwindel, Entzücken, und tausend andere Erfahrungen. Zwar ist die Seele, in allen diesen Fällen, noch an ihren Körper gefesselt, und muß sich nach der Beschaffenheit des Gehirns richten, das ihr in allen diesen Schwachheiten nichts als unmerkliche, leicht verlöschliche Züge darbeut. Hiervon ist kein Schluß auf den Zustand unserer Seele, nach ihrer Scheidung von dem Körper, zu ziehen; weil alsdann die Gemeinschaft zwischen diesen verschiedenen Wesen aufgehoben wird, der Körper aufhört das Werkzeug der Seele zu seyn, und die Seele ganz andern Gesetzen folgen muß, als die ihr hienieden vorgeschrieben sind. Indessen ist es genug für unsere Ungewißwißheit, daß der Mangel des klaren Bewußtseyns, wie etwa im Schlafe, der Natur eines Geistes nicht widerspricht; denn wenn dieses ist, so scheinet unsere Furcht nicht ganz ungegründet. — Aber wenn wir von diesem fürchterlichen Zweifel befreyet zu seyn wünschen, können wir etwas mehr verlangen, als die Vergewisserung, daß unsere Besorgniß den Absichten Gottes zuwider laufe, und von demselben eben so wenig, als das ewige Elend seiner Geschöpfe, hat beliebt werden können? — Freylich, war Cebes Antwort, wenn wir nicht eine Ueberzeugung verlangen, die der Natur der untersuchten Sache zuwiderläuft. Als ich dir meine Zweifel vorbrachte, mein theurer Freund! habe ich selbst einige aus den Absichten des Schöpfers entlehnte Gründe angezeigt, die dein Lehrgebäude höchst wahrscheinlich machen: ich wünsche sie aber aus deinem Munde zu empfangen, und meine Freunde wünschen es mit mir. — Ich versuche es, sprach Sokrates, ob ich euch Gnüge leisten kann. Antworte mir, mein Cebes! wenn du befürchtest, mit dem Tode auf ewig alles wachende Bewußtseyn deiner selbst zu verlieren, besorgest du etwa, daß dieses Schicksal dem gesamten menschlichen Geschlechte, oder nur einem Theil desselben bevorstehe? Werden wir alle von dem Tode hingerafft, und, in der Sprache der Dichter zu reden, von ihm in die Arme seines ältern Bruders, des ewigen Schlafes, getragen? oder sind einige von den Erdbewohbewohnern bestimmt, von jener himmlischen Aurora zur Unsterblichkeit aufgeweckt zu werden? So bald wir einräumen, daß einem Theil des menschlichen Geschlechts die wahre Unsterblichkeit beschieden ist: so zweifelt Cebes wohl nicht einen Augenblick, daß diese Seligkeit den Gerechten, den Freunden der Götter und Menschen, vorbehalten sey? — Nein, mein Sokrates! Die Götter theilen den ewigen Tod so ungerecht nicht aus, als die Athenienser den zeitlichen. Ich bin überdem der Meynung, daß in dem weisesten Plane der Schöpfung ähnliche Wesen auch ähnliche Bestimmungen haben, und mithin dem gesamten menschlichen Geschlechte nach diesem Leben ein ähnliches Schicksal bevorstehen müsse. Entweder sie erwachen alle zu einem neuen Bewußtseyn; und alsdann können Anitus und Melitus selbst wohl nicht zweifeln, daß der Unterdrückten Unschuld ein besseres Schicksal erwarte, als ihrer Verfolger; oder sie endigen alle mit diesem Leben ihre Bestimmung, und kehren in den Zustand zurück, aus welchem sie bey der Geburt gezogen worden; ihre Rollen reichen nicht weiter, als auf die Bühne dieses Lebens: am Ende treten die Schauspieler ab, und werden wieder das, was sie in dem gemeinen Leben sonst gewesen. Ich entsche mich, mein theurer Freund! diese Gedanken weiter zu verfolgen; denn ich merke, daß sie mich auf offenbare Ungereimtheiten führen. — Das thut nichts, Cebes! antwortete jener: wir müssen auch

für

für die sorgen, welche nicht so leicht bey einer ungereimten Folge schamroth werden. Aehnliche Wesen, hast du behauptet, mein Werther! müßten in dem weisesten Plane der Schöpfung ähnliche Bestimmungen haben? — Ja! — Alle erschaffene Wesen, die denken und wollen, sind einander ähnlich? — Allerdings! — Wenn auch dieses richtiger, wahrer, vollkommener denkt, mehr Gegenstände umfassen kann, als jenes: so giebt es doch keine Grenzlinie, die sie in verschiedene Klassen trennet, sondern sie erheben sich in unmerklichen Stufen übereinander, und machen ein einziges Geschlecht aus: Nicht? — Dieses muß zugegeben werden. — Und wenn es über uns noch höhere Geister giebt, die sich einander an unmerklichen Graden der Vollkommenheit übertreffen, und dem unendlichen Geiste allmählig nähern, gehören sie nicht alle, so viel ihrer erschaffen sind, zu einem einzigen Geschlechte? — Richtig! — Wie ihre Eigenschaften nicht wesentlich unterschieden sind, sondern nur dem Grade nach, wie in einer stetigen Reihe, sich allmählig erheben: so müssen auch ihre Bestimmungen sich im Wesentlichen ähnlich, nur in unmerklichen Graden von einander unterschieden seyn. Denn in dem großen Plane der Schöpfung ist doch nichts willkührlich? es harmoniren doch die Bestimmungen der Wesen mit ihren Vollkommenheiten auf das genaueste? — Ohne Zweifel! — O! meine Freunde! die Frage, die wir hier untersuchen, fängt

an,

Drittes Gespräch.

an, in dem großen Plane der Schöpfung von unendlicher Wichtigkeit zu werden. Nicht das menschliche Geschlecht allein, die Entscheidung gehet das gesammte Reich der denkenden Wesen an. Sind sie zur wahren Unsterblichkeit, zur ewigen Fortdauer ihres Bewußtseyns und deutlichen Selbstgefühls bestimmt, oder hören diese Wohlthaten des Schöpfers nach einem kurzen Genusse wieder auf, und machen einer ewigen Vergessenheit Platz? In dem Rathschlusse des Allerhöchsten muß, wie wir gesehen, die Frage in dieser Allgemeinheit entschieden worden seyn: werden wir nicht, bey unserer Untersuchung, sie auch in diesem allgemeinen Lichte zu betrachten haben? — Wie es scheinet. — Aber je allgemeiner der Gegenstand wird, fuhr Sokrates fort, desto ungereimter wird unsere Besorgniß. Alle endliche Geister haben anerschaffene Fähigkeiten, die sie durch Uebung entwickeln und vollkommener machen. Der Mensch bearbeitet sein angebornes Vermögen zu empfinden und zu denken mit einer erstaunenswerthen Geschwindigkeit. Mit jeder Empfindung strömet ihm eine Menge von Erkenntnissen zu, die der menschlichen Zunge unaussprechlich sind; und wenn er die Empfindungen gegen einander hält, wenn er vergleichet, urtheilet, schließt, wählt, verwirft, so vervielfältiget er diese Menge ins Unendliche. Zu gleicher Zeit entfaltet eine unaufhörliche Geschäftigkeit die ihm angebornen Fähigkeiten des Geistes, und bildet in ihm

Witz,

Witz, Verstand, Vernunft, Erfindungskraft, Empfindung des Schönen und Guten, Großmuth, Menschenliebe, Geselligkeit, und wie die Vollkommenheiten alle heißen, die noch kein Sterblicher auf Erden hat unterlassen können zu erwerben. Laß es seyn, daß wir manche Menschen dumm, thöricht, gefühllos, niederträchtig und grausam schelten: vergleichungsweise können diese Benennungen zuweilen Grund haben; aber noch hat kein Dummkopf gelebt, der nicht einige Merkmale des Verstandes von sich gegeben, und noch kein Tyrann, in dessen Busen nicht noch ein Funken von Menschenliebe geglimmt hätte. Wir erwerben alle dieselben Vollkommenheiten, und der Unterschied bestehet nur in dem mehr und weniger; wir erwerben sie alle, sage ich, meine Freunde! denn auch dem Gottlosesten ist es nie gelungen, seiner Bestimmung schnurstracks zuwider zu handeln. Er sträube, er widersetze sich mit der größten Hartnäckigkeit: so wird sein Widerstreben selbst einen angebornen Trieb zum Grunde haben, der ursprünglich gut, und bloß durch unrechte Anwendung verdorben seyn wird. Diese fehlerhafte Anwendung macht den Menschen unvollkommen und elend; allein die Ausübung des ursprünglich guten Triebes befördert gleichwohl, wider seinen Dank und Willen, den Endzweck seines Daseyns. Auf solche Weise, meine Freunde! hat noch kein Mensch in dem wohlthätigen Umgange mit seinen Nebenmenschen gelebt, der nicht den Erdboden vollkommener ver-

Drittes Gespräch.

verlassen, als er ihn betreten hat. Mit der gesamten Reihe der denkenden Wesen hat es die nehmliche Beschaffenheit: so lange sie mit Selbstgefühl empfinden, denken, wollen, begehren, verabscheuen, so bilden sie die ihnen anerschaffenen Fähigkeiten immer mehr aus; je länger sie geschäftig sind, desto wirksamer werden ihre Kräfte, desto fertiger, schneller, unaufhaltsamer werden ihre Wirkungen, desto fähiger werden sie, in der Beschauung des wahren Schönen und Vollkommenen ihre Seligkeit zu finden. Und wie? meine Freunde! alle diese erworbenen, göttlichen Vollkommenheiten fahren dahin, wie leichter Schaum auf dem Wasser, wie ein Pfeil durch die Luft fliegt, und lassen keine Spuren hinter sich, daß sie jemals da gewesen sind? Das kleinste Sonnenstäublein kann in der Natur der Dinge, ohne wunderthätige Zernichtung, nicht verloren gehen: und diese Herrlichkeiten sollen auf ewig verschwinden? sollen in Absicht auf die Wesen, von welchen sie besessen worden, ohne Folgen, ohne Nutzen, so anzusehen seyn, als wenn sie ihm niemals zugehöret hätten? Was für Begriffe von dem Plane der Schöpfung setzet diese Meynung voraus! In diesem allerweisesten Plane ist das Gute von unendlichem Nutzen, jede Vollkommenheit von unaufhörlichen Folgen; doch nur die Vollkommenheit der einfachen, sich selbst fühlenden Wesen, denen im eigentlichen Verstande eine wirkliche Vollkommenheit zugeschrieben werden kann; diejenige hingegen, welche

wir

wir in zusammengesetzten Dingen wahrnehmen, ist vergänglich und wandelbar, wie die Dinge selbst, denen sie zukommt. Um dieses deutlicher zu machen, meine Freunde! müssen wir den Unterschied zwischen dem Einfachen und dem Zusammengesetzten abermals in Erwägung ziehen. Ohne Beziehung auf das Einfache, auf denkende Wesen, haben wir gesehen, kann dem Zusammengesetzten weder Schönheit, Ordnung, Uebereinstimmung, noch Vollkommenheit zugeschrieben, ja sie können, ohne diese Beziehung, nicht einmal zusammengenommen werden, um Ganze auszumachen. Auch sind sie in dem großen Entwurfe dieses Weltalls nicht um ihrer selbst willen hervorgebracht worden: denn sie sind leblos und ihres Daseyns unbewußt, auch an und für sich keiner Vollkommenheit fähig. Der Endzweck ihres Daseyns ist vielmehr in dem lebenden und empfindenden Theile der Schöpfung zu suchen: das Leblose dient dem Lebendigen zu Werkzeugen der Empfindungen, und gewähret ihm nicht nur sinnliches Gefühl von mannigfaltigen Dingen, sondern auch Begriffe von Schönheit, Ordnung, Ebenmaß, Mittel, Endzweck, Vollkommenheit, oder wenigstens den Stoff zu allen diesen Begriffen, die sich das denkende Wesen hernach, vermöge seiner innern Thätigkeit, selbst bildet. Im Zusammengesetzten finden wir nichts für sich bestehendes, nichts das fortdauere, und von einiger Beständigkeit sey, so daß man in dem zweyten Augenblick

sagen

sagen könne, es sey noch das vorige. Indem ich euch hier ansehe, meine Freunde! so ist nicht nur das Licht der Sonne, das von eurem Antlitze wiederstralt, in einem beständigen Strome; sondern eure Leiber haben unterdessen in ihrer innern Bildung und Zusammenfügung unendliche Veränderungen gelitten: alle Theile derselben haben aufgehört die vorigen zu seyn, sie sind in stetem Wechsel und Flusse von Veränderungen, der sie unabläßig mit sich fortreißt. Wie die glückseligen Weisen der vorigen Zeiten schon bemerket, daß die körperlichen Dinge nicht sind, sondern entstehen und vergehen: nichts ist in denselben von Dauer und Beständheit; sondern alles folget einem unaufhaltsamen Strome von Bewegungen, dadurch die zusammengesetzten Dinge ohne Unterlaß erzeugt und aufgelöset werden. Dieses hat auch Homer darunter verstanden, wenn er den Ocean den Vater, und die Thetis die Mutter aller Dinge nennet: er hat damit anzeigen wollen, daß alle Dinge in der sichtbaren Welt durch den steten Wechsel entstehen, und, wie in einem fortströmenden Weltmeer, nicht einen Augenblick an der vorigen Stelle bleiben.

Ist nun das Zusammengesetzte an sich selbst keines Fortdauerns fähig: wie viel weniger wird es ihre Vollkommenheit seyn, die ihnen, wie wir gesehen, niemals an und für sich selbst, sondern nur in Beziehung auf das Empfindende und Denkende in der Schöpfung zugeschrieben werden kann? Dahero sehen wir in der leblosen Schöpfung das Schöne verwelken und aufblühen, das Vollkommene verderben und in einer andern Gestalt wieder zum Vorscheine kommen, scheinbare Unordnung und Regelmäßigkeit, Harmonie und Mißstimmung, Angenehmes und Widriges, Gutes und Böses in unendlicher Mannigfaltigkeit mit einander abwechseln, so wie es Gebrauch, Nutzen, Bequemlichkeit, Lust und Glückseligkeit der lebendigen Dinge erfordert, um deren Willen jene hervorgebracht worden.

Der lebendige Theil der Schöpfung enthält zwo Klassen, sinnlichempfindende und denkende Naturen. Beide haben dieses gemein, daß sie von fortdaurendem Wesen sind, eine innere für sich bestehende Vollkommenheit besitzen und genießen können. Wir finden bey allen Thieren, die diesen Erdboden bedecken, daß ihre Empfindungen, ihre Kenntnisse, ihre Begierden, ihre eingepflanzten Naturtriebe auf das wunderbarste mit ihren Bedürfnissen übereinstimmen, und insgesamt auf ihre Erhaltung, Bequemlichkeit und Fortpflanzung, auch zum Theil auf das Wohlseyn ihrer Nachkommen abzielen. Diese Harmonie wohnet ihnen innerlich bey; denn alle diese Fühlungen und Naturtriebe sind Beschaffenheiten des einfachen, unkörperlichen Wesens, das sich in ihnen seiner selbst und anderer Dinge bewußt ist: daher besitzen sie eine wahre Vollkommenheit, die nicht erst in Beziehung auf

auf andere außer ihnen so genennet werden darf, sondern ihre Beständheit und ihr Fortdaurendes für sich hat. Sind die leblosen Dinge, zum Theil ihrent wegen da, damit sie Unterhaltung, Lust und Bequemlichkeit finden sollen: so sind sie ihrer Seits auch fähig, diese Wohlthaten zu genießen, Lust und Unlust, Angenehmes und Widriges, Verlangen und Abscheu, Wohlseyn und Unglückseligkeit zu fühlen, und dadurch innerlich vollkommen oder unvollkommen zu werden. Sind die leblosen Dinge die Mittel gewesen, derer sich der allerweiseste Schöpfer bedienet: so gehören die Thiere schon mit zu seinen Absichten: denn um ihrent willen ist ein Theil des Leblosen hervorgebracht worden, und sie besitzen das Vermögen zu genießen, und dadurch in ihrer innern Natur übereinstimmend und vollkommen zu werden. Hingegen bemerken wir bey ihnen, so wie wir sie auf dem Erdboden vor uns sehen, keinen beständigen Fortgang zu einer höhern Stufe der Vollkommenheit. Sie erhalten ohne Unterweisung, ohne Ueberlegung, ohne Uebung, ohne Vorsatz und Wissensbegierde, gleichsam unmittelbar aus der Hand des Allmächtigen, diejenigen Gaben, Fertigkeit und Triebe, die zu ihrer Erhaltung und Fortpflanzung nöthig sind. Ein mehreres erwerben sie nicht, und wenn sie Jahrhunderte leben, oder sich unendlich vermehren und fortpflanzen. Sie können auch das Erhaltene weder verbessern noch verschlimmern, auch keinen andern mittheilen; sondern

M   üben

üben es auf die ihnen eingepflanzte Weise aus, so lange es ihren Umständen zuträglich ist, und hernach scheinen sie es wohl selber wieder zu vergessen! Durch menschlichen Unterricht können zwar einige Hausthiere etwas weniges erlernen, und zum Kriege, oder zu geringen häuslichen Verrichtungen gewöhnet und gezogen werden: sie zeigen aber durch die Art und Weise, wie sie diesen Unterricht annehmen, zur Gnüge, daß ihr Leben hienieden nicht bestimmt sey, ein beständiger Fortgang zur Vollkommenheit zu seyn; sondern daß ein gewisser Grad der Fähigkeit, den sie erreichen, auch ihr letztes Ziel sey, und daß sie von selbst nie weiter streben, nie höhere Dinge zu beginnen von innen angetrieben werden. Nur ist zwar dieses Stillstehen, diese dumme Zufriedenheit mit dem Erreichten, ohne sich erheben und empor schwingen zu wollen, ein Zeichen, daß sie in dem großen Entwurfe der Schöpfung nicht das letzte Ziel gewesen, sondern als niedrigere Absichten zugleich Mittel abgeben, und Dingen von würdigern und erhabenern Bestimmungen in Erfüllung der Endabsichten Gottes behülflich seyn sollten. Allein die Quelle des Lebens und der Empfindungen in ihnen ist ein einfaches für sich bestehendes Wesen, das unter allen Abänderungen, die es in dem Laufe der Dinge leidet, etwas Beständiges und Fortdaurendes hat; daher die Eigenschaften, die es einmal durch Erlernen, oder als ein unmittelbares Geschenk von der Hand des Allgütigen

erhab

erhalten, ihm eigenthümlich zukommen, durch natürliche Wege nie wieder gänzlich verschwinden, sondern von unaufhörlichen Folgen seyn müssen. Da diese empfindende Seele natürlicher Weise nie aufhört zu seyn, so hört sie auch nie auf, die Absichten Gottes in der Natur zu befördern, und sie wird mit jeder Dauer ihres Daseyns immer tüchtiger und tüchtiger, ihres Urhebers großen Endzweck in Erfüllung bringen zu helfen. Dieses ist der unendlichen Weisheit gemäß, mit welcher der Plan dieses Weltalls in dem Rathe der Götter ist entworfen worden. Alles ist in unaufhörlicher Arbeit und Bemühung, gewisse Absichten in diesem Plane zu erfüllen; einer jeden wahren Substanz ist eine unabsehbare Folge und Reihe von Verrichtungen vorgeschrieben, die sie nach und nach bewirken muß, und die wirkende Substanz wird allezeit durch die letzte Verrichtung tüchtiger, die nächstfolgende auszuführen. Nach diesen Grundsätzen ist das geistige Wesen, das die Thiere belebt, von unendlicher Dauer, und fähret auch in Ewigkeit fort, die Absichten Gottes in der Reihe und Stufenfolge zu erfüllen, die ihm in dem allgemeinen Plane angewiesen worden.

Ob diese thierischen bloß sinnlich empfindenden Naturen mit der Zeit ihre niedrige Stufe verlassen, und von einem Winke des Allmächtigen gelockt, sich in die Sphäre der Geister emporschwingen werden, läßt sich mit keiner Gewißheit ausmachen, wiewohl ich sehr geneigt bin, es zu glauben.

Die vernünftigen Naturen und Geister nehmen in dem großen Weltall, so wie insbesondere der Mensch auf diesem Erdboden, die vornehmste Stelle ein. Diesem Unterherrn der Schöpfung schmückt sich die Natur in ihrer jungfräulichen Schönheit. Ihm dienet das Leblose, nicht nur zum Nutzen und zur Bequemlichkeit, nicht nur zur Nahrung, Kleidung, Wohnung, und zum sichern Aufenthalt, sondern vornehmlich zur Ergetzung und zum Unterrichte; und die erhabensten Sphären, die entferntesten Gestirne, die kaum mit dem Auge entdeckt werden können, müssen ihm in dieser Absicht nützlich seyn. Wollt ihr seine Bestimmung hienieden wissen: so sehet nur, was er hienieden verrichtet. Er bringet auf diesen Schauplatz weder Fertigkeit, noch Naturtrieb, noch angebornes Geschick, weder Wehr noch Schutz mit, und erscheinet bey seinem ersten Auftritte dürftiger und hülfloser, als das unvernünftige Thier. Aber die Bestrebung und die Fähigkeit sich vollkommener zu machen, diese erhabensten Geschenke, deren eine erschaffene Natur fähig ist, ersetzen vielfältig den Abgang jener viehischen Triebe und Fertigkeiten, die keiner Verbesserung, keinen höhern Grad der Vollkommenheit je annehmen können. Kaum genießt er das Licht der Sonnen, so arbeitet schon die gesamte Natur,

tur, ihn vollkommener zu machen: dieses schärfet seine Sinne, Einbildungskraft, und Erinnerungsvermögen; jenes übet seine edlern Erkenntnißkräfte, bearbeitet seinen Verstand, seine Vernunft, seinen Witz, seine Scharfsinnigkeit; das Schöne in der Natur bildet seinen Geschmack und verfeinet seine Empfindung; das Erhabene erregt seine Bewunderung, und erhebt seine Begriffe gleichsam über die Sphäre dieser Vergänglichkeit hinweg. Ordnung, Uebereinstimmung, und Ebenmaß dienen ihm nicht nur zum vernünftigen Ergetzen, sondern beschäftigen seine Gemüthskräfte alle in gehöriger und ihrer Vollkommenheit zuträglicher Harmonie. Bald tritt er mit seines gleichen in Gesellschaft, um sich wechselsweise die Mittel zur Glückseligkeit zu erleichtern: und siehe! es zeigen und bilden sich an ihm in dieser Gesellschaft höhere Vollkommenheiten, die bisher wie in einer Knospe eingewickelt gewesen. Er erlanget Pflichten, Rechte, Befugnisse, und Obliegenheiten, die ihn in die Klasse moralischer Naturen erheben; es entstehen Begriffe von Gerechtigkeit, Billigkeit, Anständigkeit, Ehre, Ansehen, Nachruhm. Der eingeschränkte Trieb der Familienliebe wird in Liebe zum Vaterlande, zum ganzen menschlichen Geschlecht erweitert, und aus dem angebohrnen Keime des Mitleidens entsprossen Wohlwollen, Mildthätigkeit, und Großmuth.

Nach und nach bringet der Umgang, die Geselligkeit, das Gespräch, die Aufmunterung alle sittlichen Tugenden zur Reife, sie entzünden das Herz zur Freundschaft, die Brust zur Tapferkeit, und den Geist zur Wahrheitsliebe; breiten einen Wettstreit von Dienst und Gegendienst, Liebe und Gegenliebe, eine Abwechselung von Ernst und Scherz, Tiefsinn und Munterkeit, über das menschliche Leben aus, die alle einsamen und ungeselligen Wollüste an Süßigkeit übertreffen. Daher auch der Besitz aller Güter dieser Erde, der Genuß der feurigsten Wollüste uns nicht behagt, wenn wir sie in der Einsamkeit besitzen und geniessen sollen; und die erhabensten und prächtigsten Gegenstände der Natur ergetzen das gesellige Thier, den Menschen, nicht so sehr, als ein Anblick von seinem Mitmenschen.

Erlanget nun dieses vernünftige Geschöpf erst wahre Begriffe von Gott und seinen Eigenschaften, o! welch ein kühner Schritt zu einer höhern Vollkommenheit! Aus der Gemeinschaft mit dem Nebengeschöpfe tritt er in eine Gemeinschaft mit dem Schöpfer, erkennet das Verhältniß, in welchem er, das ganze menschliche Geschlecht, alles Lebendige und alles Leblose, mit diesem Urheber und Erhalter des Ganzen stehen; die große Ordnung von Ursachen und Wirkungen in der Natur wird ihm nunmehr auch zu einer Ordnung von Mitteln und Absichten; was er bisher auf Erden genossen, ward ihm wie aus den Wolken zugeworfen: nunmehr zertheilen sich diese Wolken,

und

und er siehet den freundlichen Geber, der ihm alle diese Wohlthaten hat zufließen lassen. Was er an Leib und an Gemüthe für Eigenschaften, Gaben und Geschicklichkeiten besitzet, erkennet er als Geschenke dieses gütigen Vaters; alle Schönheit, alle Harmonie, alles Gute, alle Weisheit, Vorsicht, Mittel und Endzwecke, die er bisher in der sichtbaren und unsichtbaren Welt erkannt, betrachtet er als Gedanken des Allerweisesten, die er ihm in dem Buche der Schöpfung zu lesen gegeben, um ihn zur höhern Vollkommenheit zu erziehen. Diesem liebreichen Vater und Erzieher, diesem gnädigen Regenten der Welt heiliget er zugleich alle Tugenden seines Herzens, und sie gewinnen in seinen Augen einen göttlichen Glanz, da er weiß, daß er durch sie, und durch sie allein dem Allgütigen wohlgefallen kann. Die Tugend allein führet zur Glückseligkeit, und wir können dem Schöpfer nicht anders wohlgefallen, als wenn wir nach unserer wahren Glückseligkeit streben. Welch eine Höhe hat der Mensch in dieser Verfassung auf Erden erreichet! Betrachtet ihn, meine Freunde! den wohlgesinnten Bürger im Staate Gottes, wie alle seine Gedanken, Wünsche, Neigungen und Leidenschaften unter sich harmoniren, wie sie alle zum wahren Wohlseyn des Geschöpfes, und zur Verherrlichung des Schöpfers abzielen! O! wenn die Welt nur ein einziges Geschöpf von dieser Vollkommenheit aufzuweisen hätte, wollten wir anstehen, in diesem

M 4   Nach-

Nachahmer der Gottheit, in diesem Gegenstande des göttlichen Wohlgefallens, den letzten Endzweck der Schöpfung zu suchen?

Zwar treffen alle Züge dieses Gemäldes nicht den Menschen überhaupt, sondern nur wenige Edle, die eine Zierde des menschlichen Geschlechts sind; allein dieses mag allenfalls die Grenzlinie seyn zwischen Menschen und höhern Geistern. Genug, daß sie alle zu derselben Klasse gehören, und ihr Unterschied nur in dem Mehr und Weniger bestehet. Vom unwissendsten Menschen bis zum vollkommensten unter den erschaffenen Geistern haben alle die der Weisheit Gottes so anständige, und ihren eignen Kräften und Fähigkeiten so angemessene Bestimmung, sich und andere vollkommener zu machen. Dieser Pfad ist ihnen vorgezeichnet, und der verkehrteste Wille kann Niemanden ganz davon abführen. Alles, was lebt, und denkt, kann nicht unterlassen, seine Erkenntniß und seine Begehrungskräfte zu üben, auszubilden, in Fertigkeiten zu verwandeln, mithin mehr oder weniger, mit stärkern oder schwächern Schritten sich der Vollkommenheit zu nähern. Und dieses Ziel, wann wird es erreicht? Wie es scheinet niemals so völlig, daß der Weg zu einem fernern Fortgange versperrt seyn sollte: denn erschaffene Naturen können niemals eine Vollkommenheit erreichen, über welche sich nichts gedenken ließe. Je höher sie klimmen, desto mehr un-
gese=

gesehene Fernen entwölken sich ihren Augen, die ihre Schritte anspornen. Das Ziel dieses Bestrebens bestehet, wie das Wesen der Zeit, in der Fortschreitung. Durch die Nachahmung Gottes kann man sich allmählig seinen Vollkommenheiten nähern, und in dieser Näherung bestehet die Glückseligkeit der Geister; aber der Weg zu denselben ist unendlich, kann in Ewigkeit nicht ganz zurück geleget werden. Daher kennet das Fortstreben in dem menschlichen Leben keine Grenzen. Eine jede menschliche Begierde zielet an und für sich selbst in die Unendlichkeit hinaus. Unsere Wissensbegierde ist unersättlich, unser Ehrgeiz unersättlich, ja der niedrige Geldgeiz selbst quälet und beunruhiget, ohne jemals eine völlige Befriedigung zu gestatten. Die Empfindung der Schönheit suchet das Unendliche; das Erhabene reizet uns bloß durch das Unergründliche, das ihm anhänget: die Wollust ekelt uns, so bald sie die Grenzen der Sättigung berühret. Wo wir Schranken sehen, die nicht zu übersteigen sind, da fühlet sich unsere Einbildungskraft wie in Fessel geschmiedet, und die Himmel selbst scheinen unser Daseyn in gar zu enge Räume einzuschließen: daher wir unsrer Einbildungskraft so gern den freyen Lauf lassen, und die Grenzen des Raumes ins Unendliche hinaus setzen. Dieses endlose Bestreben, das sein Ziel immer weiter hinausstreckt, ist dem Wesen, den Eigenschaften, und der Bestimmung der Geister angemessen, und die wundervollen Werke des

Unendlichen enthalten Stoff und Nahrung genug, dieses Bestreben in Ewigkeit zu unterhalten: je mehr wir in ihre Geheimnisse eindringen, desto weitere Aussichten thun sich unsern gierigen Blicken auf; je mehr wir ergründen, desto mehr finden wir zu erforschen; je mehr wir genießen, desto unerschöpflicher ist die Quelle.

Wir können also, fuhr Sokrates fort, mit gutem Grunde annehmen, dieses Fortstreben zur Vollkommenheit, dieses Zunehmen, dieser Wachsthum an innerer Vortreflichkeit sey die Bestimmung vernünftiger Wesen, mithin auch der höchste Endzweck der Schöpfung. Wir können sagen, dieses unermeßliche Weltgebäude sey hervorgebracht worden, damit es vernünftige Wesen gebe, die von Stufe zu Stufe fortschreiten, an Vollkommenheit allmählig zunehmen, und in dieser Zunahme ihre Glückseligkeit finden mögen. Daß diese nun sämtlich mitten auf dem Wege stille stehen, nicht nur stille stehen, sondern auf einmal in den Abgrund zurück gestoßen werden, und alle Früchte ihres Bemühens verlieren sollten, dieses kann das allerhöchste Wesen unmöglich beliebet, und in den Plan des Weltalls gebracht haben, der ihm vor allen wohlgefallen hat. Als einfache Wesen sind sie unvergänglich; als für sich bestehende Naturen sind auch ihre Vollkommenheiten fortdaurend und von unendlichen Folgen; als vernünftige Wesen streben sie

nach

nach einem unaufhörlichen Wachsthum und Fortgan in der Vollkommenheit: die Natur bietet ihnen zu diesem endlosen Fortgange hinlänglichen Stoff dar; und als letzter Endzweck der Schöpfung können sie keiner andern Absicht nachgesetzt, und deswegen im Fortgange oder Besitze ihrer Vollkommenheiten vorsetzlich gestört werden. Ists der Weisheit anständig, eine Welt deswegen hervorzubringen, damit die Geister, die sie hineinsetzt, ihre Wunder betrachten, und glückselig seyn mögen, und einen Augenblick darauf diesen Geistern selbst die Fähigkeit zur Betrachtung und Glückseligkeit auf ewig zu entziehen? Ists der Weisheit anständig, ein Schattenwerk der Glückseligkeit, das immer kömmt und immer vergehet, zum letzten Ziel ihrer Wunderthaten zu machen? O nein, meine Freunde! nicht umsonst hat uns die Vorsehung ein Verlangen nach ewiger Glückseligkeit eingegeben: es kann und wird befriediget werden. Das Ziel der Schöpfung dauert so lange, als die Schöpfung; die Bewunderer göttlicher Vollkommenheiten so lange, als das Werk, in welchem diese Vollkommenheiten sichtbar sind. So wie wir hienieden dem Regenten der Welt dienen, indem wir unsere Fähigkeiten entwickeln: so werden wir auch in jenem Leben unter seiner göttlichen Obhut fortfahren, uns in Tugend und Weisheit zu üben, uns unaufhörlich vollkommener und tüchtiger zu machen, die Reihe der göttlichen Absichten zu erfüllen, die sich von uns hin in das

Unend-

Unendliche erstreckt. Irgendwo auf diesem Wege stille stehen, streitet offenbar mit der göttlichen Weisheit, Gütigkeit oder Allmacht, hat, so wenig als das allerhöchste Elend unschuldiger Geschöpfe, von dem vollkommensten Wesen bey dem Entwurfe des Weltplans beliebet werden können.

Wie beklagenswerth ist das Schicksal eines Sterblichen, der sich durch unglückliche Sophistereyen um die tröstliche Erwartung einer Zukunft gebracht hat! Er muß über seinen Zustand nicht nachdenken, und wie in einer Betäubung dahin leben, oder verzweifeln. Was ist der menschlichen Seele schrecklicher, als die Zernichtung? und was elender, als ein Mensch, der sie mit starken Schritten auf sich zukommen siehet, und in der trostlosen Furcht, mit der er sie erwartet, sie schon vorher zu empfinden glaubet? Im Glücke schleicht sich der entsetzliche Gedanke vom Nichtseyn zwischen die wollüstigsten Vorstellungen, wie eine Schlange zwischen Blumen, und vergiftet den Genuß des Lebens; und im Unglücke schlägt er den Menschen ganz hoffnungslos zu Boden, indem er ihm den einzigen Trost verkümmert, der das Elend versüßen kann, die Hoffnung einer bessern Zukunft. Ja der Begriff einer bevorstehenden Zernichtung streitet so sehr wider die Natur der menschlichen Seele, daß wir ihn mit seinen nächsten Folgen nicht zusammen reimen können, und wohin wir uns wenden, auf tausend Ungereimtheiten

und

Drittes Gespräch.

und Widersprüche stoßen. Was ist dieses Leben mit allen seinen Mühseligkeiten, besonders wenn die angenehmen Augenblicke desselben von der Angst für eine unvermeidliche Zernichtung vergällt werden? Was ist eine Dauer von gestern und heute, die morgen nicht mehr seyn wird? Eine höchst verächtliche Kleinigkeit, die uns die Mühe, Arbeit, Sorgen und Beschwerlichkeiten, mit welchen sie erhalten wird, sehr schlecht belohnet. Und gleichwohl ist dem, der nichts Besseres zu hoffen hat, diese Kleinigkeit alles. Seiner Lehre zu Folge, müßte ihm das gegenwärtige Daseyn das höchste Gut seyn, dem nichts in der Welt die Wage halten kann; müßte das schmerzlichste, das gequälteste Leben dem Tode, als der völligen Zernichtung seines Wesens, unendlich vorzuziehen seyn; seine Liebe zum Leben müßte schlechterdings von nichts überwunden werden können. Welcher Bewegungsgrund, welche Betrachtung würde mächtig genug seyn, ihn in die geringste Lebensgefahr zu führen? Ehre und Nachruhm? diese Schatten verschwinden, wenn von wirklichen Gütern die Rede ist, die mit ihnen in Vergleichung kommen sollen. Es betrifft das Wohl seiner Kinder, seiner Freunde, seines Vaterlandes? — und wenn es das Wohl des ganzen menschlichen Geschlechts wäre; ihm ist der armseligste Genuß weniger Augenblicke alles, was er sich zu getrösten hat, und daher von unendlicher Wichtigkeit: wie kann er sie in die Schanze schlagen?

gen? Was er wagt, ist mit dem, was er zu erhalten hoffet, gar nicht in Vergleichung zu bringen; denn das Leben ist, nach den Gedanken dieser Sophisten, in Vergleichung mit allen andern Gütern, unendlich groß.

Hat es aber keine Heldengeister gegeben, die, ohne von ihrer Unsterblichkeit überführt zu seyn, für die Rechte der Menschlichkeit, Freyheit, Tugend, und Wahrheit ihr Leben hingegeben? O ja! und auch solche, die es um weit minder löblicher Ursachen willen auf das Spiel gesetzt. Aber gewiß hat sie das Herz, und nicht der Verstand dahin gebracht. Sie haben es aus Leidenschaften, und nicht aus Grundsätzen gethan. Wer ein künftiges Leben hoffet und das Ziel seines Daseyns in der Fortschreitung zur Vollkommenheit setzet, der kann zu sich selber sagen: Siehe! du bist hieher gesendet worden, durch Beförderung des Guten dich selbst vollkommener zu machen: du darfst also das Gute, wenn es nicht anders erhalten werden kann, selbst auf Unkosten deines Lebens befördern. Drohet die Tyranney deinem Vaterlande den Untergang, ist die Gerechtigkeit in Gefahr unterdrückt, die Tugend gekränkt, und Religion und Wahrheit verfolgt zu werden: — so mache von deinem Leben den Gebrauch, zu welchem es dir verliehen worden, stirb, um dem menschlichen Geschlechte diese theuren Mittel zur Glückseligkeit zu erhalten! Das Verdienst, mit so vieler Selbstverleugnung, das Gute befördert zu haben, giebt deinem Wesen einen unaussprechlichen Werth, der zugleich von unendlicher Dauer seyn wird. So bald nur der Tod das gewähret, was das Leben nicht gewähren kann, so ist es meine Pflicht, mein Beruf, meiner Bestimmung gemäß zu sterben. Nur alsdann läßt sich der Werth dieses Lebens angeben, und mit andern Gütern in Vergleichung bringen, wann wir es als ein Mittel zur Glückseligkeit betrachten. So bald wir aber mit dem Leben auch unser Daseyn verlieren, so hört es auf ein bloßes Mittel zu seyn, es wird der Endzweck, das letzte Ziel unserer Wünsche, das höchste Gut, wornach wir streben können, das um sein selbst willen gesucht, geliebt und verlangt wird, und kein Gut in der Welt kann mit ihm in Vergleichung kommen, viel weniger ihm vorgezogen werden, denn es übertrifft alle andern Betrachtungen an Wichtigkeit. Ich kann daher unmöglich glauben, daß ein Mensch, dem mit diesem Leben alles aus ist, sich, nach seinen Grundsätzen, dem Wohl des Vaterlandes, oder des ganzen menschlichen Geschlechts aufopfern könne. Ich bin vielmehr der Meynung, daß, so oft die Erhaltung des Vaterlandes z. B. unumgänglich erfodert, daß ein Bürger das Leben verliere, oder auch nur in Gefahr komme es zu verlieren, nach dieser Voraussetzung, ein Krieg zwischen dem Vaterlande und diesem Bürger entstehen muß, und was das seltsamste ist, ein Krieg, der auf beiden Seiten gerecht ist.

ist. Denn hat das Vaterland nicht ein Recht, von jedem Bürger zu verlangen, daß er sich dem Wohl des Ganzen aufopfere? Wer wird dieses leugnen? Allein dieser Bürger hat das gerade entgegengesetzte Recht, so bald das Leben sein höchstes Gut ist. Er kann, er darf, ja er ist diesen Grundsätzen nach verbunden es zu thun, den Untergang seines Vaterlandes zu suchen, um sein allertheuerstes Leben einige Tage zu verlängern. Jedem moralischen Wesen kömmt, nach dieser Voraussetzung, ein entschiedenes Recht zu, den Untergang der ganzen Welt zu verursachen, wenn es sein Leben, das heißt sein Daseyn, nur fristen kann. Ebendasselbe Recht haben alle seine Nebenwesen. Welch ein allgemeiner Aufstand! welche Zerrüttung, welche Verwirrung in der sittlichen Welt! Ein Krieg, der auf beiden Seiten gerecht ist, ein allgemeiner Krieg aller moralischen Wesen, wo jedes in Wahrheit das Recht auf seiner Seite hat; ein Streit, der an und für sich selbst, auch von dem allergerechtesten Richter der Welt, nicht nach Recht und Billigkeit entschieden werden kann: was kann ungereimter seyn?

Wenn alle Meynungen, worüber die Menschen jemals gestritten und in Zweifel gewesen, vor den Thron der Wahrheit gebracht werden sollten: was dünkt euch, meine Freunde! würde diese Gottheit nicht alsofort entscheiden, und unwiderruflich festsetzen können, welcher Satz wahr,
und

Drittes Gespräch.

und welcher irrig sey? Ganz unstreitig! denn in dem Reiche der Wahrheit giebt es keinen Zweifel, keinen Schein, kein Dünken und Meynen; sondern alles ist entschieden wahr, oder entschieden irrig und falsch. Jedermann wird mir auch dieses einräumen, daß eine Lehre, die nicht bestehen kann, wenn wir nicht in dem Reiche der Wahrheiten selbst Widersprüche, unauflösliche Zweifel oder nicht zu entscheidende Ungewißheiten annehmen, nothwendig falsch seyn müsse: denn in diesem Reiche herrschet die allervollkommenste Harmonie, die durch nichts unterbrochen oder gestört werden kann. Nun aber hat es mit der Gerechtigkeit die nehmliche Beschaffenheit: vor ihrem Throne werden alle Zwiste und Streitigkeiten über Recht und Unrecht durch ewige und unveränderliche Regeln entschieden. Da ist kein Rechtsfall streitig und ungewiß, da sind keine Gerechtsame zweifelhaft, da finden sich niemals zwey moralische Wesen, die auf eine und eben dieselbe Sache ein gleiches Recht hätten. Alle diese Schwachheiten sind ein Erbtheil des kurzsichtigen Menschen, der die Gründe und Gegengründe nicht gehörig einsieht, oder nicht gegeneinander abwiegen kann; in dem Verstande des allerhöchsten Geistes stehen alle Pflichten und Rechte moralischer Wesen, so wie alle Wahrheiten, in der vollkommensten Harmonie. Aller Streit der Obliegenheiten, alle Kollision der Pflichten, die ein eingeschränktes Wesen in Zweifel und Ungewißheit setzen können, finden hier ihre unwiederrufliche Entscheidung,

und

und ein gleiches Recht und Gegenrecht ist in den Augen Gottes nicht weniger ungereimt, als ein Satz und Gegensatz, Seyn und Nichtseyn, welche beide in eben der Zeit dem Gegenstande zukommen sollen. Was sollen wir also zu einer Meynung sagen, die uns durch die bündigsten Folgerungen auf so übel zusammenhängende und unstatthafte Begriffe führet? Kann sie vor dem Throne der Wahrheit genehmiget werden?

Mein Freund Kriton war vor einigen Tagen nicht geneigt mir einzuräumen, daß ich es der Republik und den Gesetzen schuldig sey, mich der Strafe zu unterwerfen, die mir auferlegt worden. Wenn mir seine Denkungsart nicht ganz unbekannt ist, so schien er nur deswegen Bedenken zu tragen, weil er das Urtheil, welches über mich ausgesprochen worden, für ungerecht hielt. Wenn er wüßte, daß ich mich wirklich der Verbrechen schuldig gemacht, die wider mich eingeklaget worden sind; so würde er nicht zweifeln, daß die Republik berechtiget sey, mich am Leben zu strafen, und daß mir obliege, diese Strafe zu leiden. Dem Rechte zu thun entspricht allezeit eine Verbindlichkeit zu leiden. Hat die Republik, wie jede andere sittliche Person, ein Recht, denjenigen zu strafen, der sie beleidiget*), und wenn es leichtere

*) Das Recht der Ahndung, oder eine Beleidigung durch

Drittes Geſpräch.

Strafen nicht thun, ihn ſo gar am Leben zu ſtrafen;
ſo muß der Beleidiger auch nach der Strenge der
Gerechtigkeit verbunden ſeyn, dieſe Strafe zu dulden.
Ohne dieſe leidende Verbindlichkeit wäre jenes Recht
ein

durch Zufügung phyſikaliſcher Uebel zu vergelten,
findet auch im Stande der Natur ſtatt, und gründet ſich nicht, wie einige Weltweiſen behaupten,
auf den geſellſchaftlichen Vertrag, iſt auch von
dem eingeführten Eigenthumsrechte unabhängig.
Der Menſch iſt auch im Stande der Natur verbunden, für ſeine Erhaltung, Geſundheit und
Vollkommenheit zu ſorgen, und hat ein Recht, ſich
der erlaubten Mittel hierzu zu bedienen. Mithin
darf er auch andere abhalten, daß ſie ihm in un-
ſchuldiger Ausübung dieſes Rechts nicht hinderlich
ſeyen. Er hat alſo ein vollkommenes Recht, von
jedem andern zu fordern, daß er ihn nicht belei-
digen, und endlich zu Abhaltung fernerer Beleidigung, ſich der Ahndung oder Strafe zu bedienen.
Die Grade der Strafen richten ſich nach Maßgebung der Beleidigung, und vornehmlich nach der
Wahrſcheinlichkeit, daß ſie hinreichen werden, für
künftiges Unrecht zu beſchützen. Daher auch To-
desſtrafen Rechtens ſind, wenn geringere Strafen
nicht hinreichen wollen. Wer mir, im Stande der
ungeſelligen Natur, meine Hütte niederreißt, mein

ein leerer Ton, Worte ohne Sinn und Bedeutung. So wenig es in der physischen Welt ein Wirken ohne ein Leiden giebt: eben so wenig kann in der sittlichen Welt ein Recht auf eine Person ohne eine Verbindlichkeit von Seiten dieser Person gedacht werden *).

Ich

Wasser trübe macht, oder mir gar einen Stein nachwirft, um mich zu beschädigen, den kann ich mit Recht strafen, obgleich kein Eigenthumsrecht noch eingeführet, kein gesellschaftlicher Vertrag zwischen uns geschlossen ist. Es wird auch niemand in Abrede seyn, daß jeder Staat das Recht habe, einen Auswärtigen, der ihn beleidiget, zu bestrafen, ob derselbe gleich in keinem gesellschaftlichen Vertrage mit diesem Staate stehet. Ja die Staaten unter sich räumen sich einander ein Recht zu strafen ein, ob sie gleich sehr ofte noch im Stande der Natur unter sich leben.

*) Das Gesetz des Stärkern kann in dem Reiche der Wahrheit keinen Rechtsfall entscheiden. Macht und Recht sind Begriffe von so verschiedener Natur, daß die Macht so wenig ein Recht, als das Recht eine Macht erzeugen kann. Ein Recht an der einen, ohne Obliegenheit an der andern Seite, müßte durch die Macht entschieden werden, und dieses ist ungereimt. Wenn Eltern das vollkommene

Drittes Gespräch. 197

Ich zweifle nicht, meine Freunde! daß Kriton und ihr alle hierinn mit mir einstimmet. Aber so könnten wir nicht denken, wenn das Leben uns alles wäre. Dieser irrigen Meynung zu Folge, käme dem abscheulichsten Verbrecher nicht die Obliegenheit zu, die wohlverdiente Strafe zu leiden; sondern wenn er bey der Republik sein Leben verwirkt hat, so ist er befugt, das Vaterland, das seinen Untergang will, zu Grunde zu richten. Das Geschehene ist nicht mehr zu ändern, das Leben ist sein höchstes Gut: wie kann er ihm das Wohl der Republik vorziehen? wie kann ihm die Natur eine Pflicht vorschreiben, die nicht auf sein höchstes Gut abzielet? wie kann er verbunden seyn, etwas zu thun, oder zu leiden, das mit seiner ganzen Glückseligkeit streitet *)? Es wird also ihm

mene Recht haben, von ihren Kindern Gehorsam zu fordern; so müssen diese an ihrer Seite verbunden seyn, Gehorsam zu leisten. Sind die Kinder berechtiget, so lange sie sich nicht selbst pflegen können, ihre Verpflegung von den Eltern zu fordern; so muß den Eltern obliegen, dafür zu sorgen. Dem unvollkommenen Rechte entspricht von der andern Seite eine unvollkommene Verbindlichkeit. Wer in den Anfangsgründen des Naturrechts kein Fremdling ist, kann an diesen Sätzen unmöglich zweifeln.

*) Alle Pflichten, die die Natur dem Menschen vorschreibt,

ihm nicht unerlaubt seyn, ja sogar obliegen, den Staat durch Feuer und Schwerdt zu verwirren, wenn er sein Leben dadurch retten kann. Wodurch aber hätte der Bösewicht diese Befugniß erlangt? Bevor er das zu bestrafende Verbrechen begangen, war er als Mensch, verbunden, das Wohl der Menschen, als Bürger, das Wohl seiner Mitbürger zu befördern. Was kann ihn nunmehr von dieser Verbindlichkeit befreyet, und ihm dagegen, das entgegengesetzte Recht gegeben haben, alles neben sich zu vernichten? Was hat diese Veränderung in seinen Pflichten verursacht? Wer untersteht sich zu antworten: Das begangene Verbrechen selbst!

Eine andere unglückselige Folge von dieser Meynung ist, daß ihre Anhänger auch endlich genöthiget sind, die Vorsehung Gottes zu läugnen. Da, nach ihren Gedanken, das Leben der Menschen zwischen die engen Grenzen von Geburt und Tod eingeschränkt ist; so können sie den Lauf desselben mit ihren Augen ver=

schreibt, müssen das höchste Gut zum Ziele haben. Ist unser höchstes Gut die Glückseligkeit; so kann die Pflicht befehlen, das Leben der Glückseligkeit nachzusetzen. Ist aber das Leben selbst das höchste Gut; so kann es keine Pflicht geben, das Leben selbst zu verlieren.

verfolgen und ganz übersehen. Sie haben also Kenntniß der Sache genug, die Wege der Vorsehung, wenn es eine giebt, zu beurtheilen. Nun bemerken sie in den Begebenheiten dieser Welt vieles, das offenbar mit dem Begriffe, den wir uns von den Eigenschaften Gottes machen müssen, nicht übereinkömmt. Manches widerspricht seiner Güte, manches seiner Gerechtigkeit, und bisweilen sollte man glauben, das Schicksal der Menschen sey von einer Ursache angeordnet worden, die am Bösen Vergnügen gefunden. In dem physischen Theile des Menschen entdecken sie lauter Ordnung, Schönheit und Harmonie, die allerweisesten Absichten, und die vollkommenste Uebereinstimmung zwischen Mittel und Endzweck: lauter sichtbare Beweise der göttlichen Weisheit und Güte. Aber in dem gesellschaftlichen und sittlichen Leben der Menschen, so viel wir allhier davon übersehen können, sind die Spuren dieser göttlichen Eigenschaften ganz unkenntlich. Triumphirende Laster, gekrönte Uebelthaten, verfolgte Unschuld, unterdrückte Tugend sind wenigstens nicht selten; die Unschuldigen und Gerechten leiden nicht seltener, als die Uebelthäter; Meuterey gelingt so oft, als die weiseste Gesetzgebung, und ein ungerechter Krieg so gut, als die Vertilgung der Ungeheuer, oder jede andere wohlthätige Unternehmung, die zum Besten des menschlichen Geschlechts gereicht; Glück und Unglück trifft Gute und Böse, ohne merklichen Unterschied, und müssen in den Augen dieser Sophisten wenigstens, ganz ohne Absicht auf Tugend und Verdienst, unter die Menschen vertheilt zu seyn scheinen. Wenn sich ein weises, gütiges und gerechtes Wesen um das Schicksal der Menschen bekümmerte, und es nach seinem Wohlgefallen ordnete: würde nicht in der sittlichen Welt eben die weise Ordnung herrschen, die wir in der physischen bewundern?

Zwar dürfte mancher sagen: „Diese Klagen rüh„ren bloß von unzufriedenen Gemüthern her, denen „es weder Götter noch Menschen jemals recht ma„chen können. Erfüllet ihnen alle ihre Wünsche, „setzet sie auf den Gipfel der Glückseligkeit: sie finden „in den düstern Winkeln ihres Herzens noch allemal „Eigensinn und üble Laune genug, sich über ihre „Wohlthäter selbst zu beklagen. In den Augen ei„nes mäßigen und genügsamen Menschen sind die „Güter dieser Welt so ungleich nicht ausgetheilt, als „man glaubt. Die Tugend hat mehrentheils eine „innere Selbstberuhigung zur Gefährtinn, welche „eine süßere Belohnung für sie ist, als Glück, „Ehre und Reichthum. Die unterliegende Unschuld „würde sich vielleicht selten an die Stelle des Wü„trichs wünschen, der ihr den Fuß in den Nacken „setzet; sie würde das in die Augen fallende Glück „nur allzutheuer durch innre Unruhen erkaufen müs„sen.

„ſen. Ueberhaupt, wer mehr auf die Empfindun-
„gen der Menſchen Achtung giebt, als auf ihre Ur-
„theile, der wird ihren Zuſtand lange ſo beklagens-
„werth nicht finden, als ſie ihn in ihren gemeinen
„Reden und Unterhaltungen machen.„ So dürfte
mancher vorgeben, um die Wege einer weiſen Vor-
ſehung in der Natur zu retten. Allein alle dieſe
Gründe haben nur alsdann ein Gewicht, wann mit
dieſem Leben nicht alles für uns aus iſt, wann ſich
die Hoffnungen vor uns hin ins Unendliche erſtrecken.
In dieſem Falle kann es, ja es muß für unſere Glück-
ſeligkeit weit wichtiger ſeyn, wenn wir hienieden mit
dem Unglück ringen, wenn wir Geduld, Standhaftigkeit und Ergebung in den göttlichen Willen lernen
und üben, als wenn wir uns im Glück und Ueber-
fluß vergeſſen. Wenn ich auch das Leben unter tauſend Martern endige, was thut dieſes? Hat nur meine Seele dadurch die Schönheit der leidenden Unſchuld erworben, ſo iſt ſie für alle ihre Pein mit Wucher bezahlt. Die Qual iſt vergänglich, und der
Lohn von ewiger Dauer. Aber was hält den ſchad-
los, der unter dieſen Qualen ſein ganzes Daſeyn auf-
giebt? und mit dem letzten Odem auch alle Schönheiten ſeines Geiſtes fahren läßt, die er durch dieſen
Kampf erworben? Iſt das Schickſal eines ſolchen
Menſchen nicht grauſam? kann der gerecht und gütig
ſeyn, der es ſo geordnet? — Und geſetzt, das Be-
wußtſeyn der Unſchuld hielte allen ſchmerzhaften Em-
pfin-

pfindungen, der Todesqual selbst, die der Unschuldige von den Händen seines Verfolgers leidet, das Gleichgewicht: soll jener Gewaltthäter, jener Beleidiger der göttlichen und menschlichen Rechte so dahin fahren, ohne jemals aus der blinden Verstocktheit, in welcher er gelebt, gerissen zu werden, und vom Guten und Bösen richtigere Begriffe zu erlangen? ohne jemals gewahr zu werden, daß diese Welt von einem Wesen regieret wird, welches an der Tugend Wohlgefallen findet? Wenn kein zukünftiges Leben zu hoffen ist, so ist die Vorsehung gegen den Verfolger so wenig zu rechtfertigen, als gegen den Verfolgten.

Unglücklicher Weise werden viele durch diese anscheinende Schwierigkeiten verführt, die Vorsehung zu leugnen. Das allerhöchste Wesen, wähnen sie, bekümmere sich um das Schicksal der Menschen gar nicht, so sehr es sich auch die Vollkommenheit seiner physischen Natur hat angelegen seyn lassen. Tugend und Laster, Unschuld und Verbrechen, wer ihm dienet, und wer ihm lästert, sprechen sie, seyn dem allgemeinen Weltgeist vollkommen gleich, und was dergleichen so lächerlicher als strafbarer Meynungen mehr sind, auf die man nothwendig gerathen muß, so bald man den Weg zur Wahrheit verfehlt. Ich halte es für überflüßig, meine Freunde! von dem Ungrunde dieser Meinungen viele Worte zu machen, da wir alle versichert sind, daß wir unter der göttlichen Obhut

hut stehen, und das Gute von seinen Händen, so wie das Böse nicht anders als mit seiner Zulassung, empfangen.

Hingegen wissen wir einen sicherern und leichtern Weg, uns aus diesem Labyrinthe zu finden. In unsern Augen verleugnet das Sittliche so wenig, als das Physische dieser Welt, die Vollkommenheit ihres Urhebers. So wie sich in der physischen Welt Unordnungen in den Theilen, Stürme, Ungewitter, Erdbeben, Ueberschwemmung, Pest, u. s. w. in Vollkommenheiten des unermeßlichen Ganzen auflösen: eben also dienen in der sittlichen Welt, in dem Schicksale und den Begegnissen des geselligen Menschen, alle zeitliche Mängel zu ewigen Vollkommenheiten, vergängliches Leiden zu unaufhörlicher Seligkeit, und kurze Prüfung zu dauerhaften Wohlseyn. Das Schicksal eines einzigen Menschen in seinem gehörigen Lichte zu betrachten, müßten wir es in seiner ganzen Ewigkeit übersehen können. Alsdann erst könnten wir die Wege der Vorsehung untersuchen und beurtheilen, wann wir die ewige Fortdauer eines vernünftigen Wesens unter einen einzigen, unserer Schwachheit angemessenen, Gesichtspunkt bringen könnten: aber alsdann seyd versichert, meine Lieben! würden wir weder tadeln, noch murren, noch unzufrieden seyn; sondern voller Verwunderung die Weisheit und Güte des Weltbeherrschers verehren und anbeten.

Aus

Aus allen diesen Beweisgründen zusammengenommen, meine Freunde! erwächst die zuverläßigste Versicherung von einem zukünftigen Leben, die unser Gemüth vollkommen befriedigen kann. Das Vermögen zu empfinden ist keine Beschaffenheit des Körpers, und seines feinen Baues; sondern hat seine Bestandheit für sich. Das Wesen dieser Bestandheit ist einfach, und folglich unvergänglich. Auch die Vollkommenheit, die diese einfache Substanz erworben, muß in Absicht auf sie selbst von unaufhörlichen Folgen seyn, und sie immer tüchtiger machen, die Absichten Gottes in der Natur zu erfüllen. Insbesondere gehört unsere Seele, als ein vernünftiges und nach der Vollkommenheit strebendes Wesen, zu dem Geschlechte der Geister, die den Endzweck der Schöpfung enthalten, und niemals aufhören, Beobachter und Bewunderer der göttlichen Werke zu seyn. Der Anfang ihres Daseyns ist, wie wir sehen, ein Bestreben und Fortgehen von einem Grade der Vollkommenheit zum andern; ihr Wesen ist des unaufhörlichen Wachsthum fähig; ihr Trieb hat die augenscheinlichste Anlage zur Unendlichkeit, und die Natur beut ihrem nie zu löschenden Durste eine unerschöpfliche Quelle an. Ferner haben sie, als moralische Wesen, ein System von Pflichten und Rechten, das voller Ungereimtheiten und Widersprüche seyn würde, wenn sie auf dem Wege zur Vollkommenheit gehemmt und zurück gestoßen werden sollten. Und endlich verweiset uns die anscheinende Unordnung und Ungerechtigkeit in dem Schicksale der Menschen auf eine lange Reihe von Folgen, in welcher sich alles auflöset, was hier verschlungen scheinet. Wer hier mit Standhaftigkeit, und gleichsam dem Unglücke zu Trotz, seine Pflicht erfüllet, und die Widerwärtigkeiten mit Ergebung in den göttlichen Willen erduldet, muß den Lohn seiner Tugenden endlich genießen; und der Lasterhafte kann nicht dahin fahren, ohne auf eine oder die andere Weise zur Erkenntniß gebracht zu seyn, daß die Uebelthaten nicht der Weg zur Glückseligkeit sind. Mit einem Worte, allen Eigenschaften Gottes, seiner Weisheit, seiner Güte, seiner Gerechtigkeit würde es widersprechen, wenn er die vernünftigen und nach der Vollkommenheit strebenden Wesen nur zu einer zeitlichen Dauer geschaffen hätte.

Es dürfte Jemand von euch sprechen: „Gut, „Sokrates! Du hast uns gezeigt, daß wir uns „eines künftigen Lebens zu getrösten haben: sage uns „aber auch, wo werden sich unsere abgeschiedenen Gei„ster aufhalten? welche Gegend des Aethers werden „sie bewohnen? womit werden sie sich beschäfftigen? „auf welche Art werden die Tugendhaften belohnt, „und die Lasterhaften zu besserer Erkenntniß gebracht „werden?"

Wenn Jemand mich dieses fragt, so antworte ich: Freund! du forderst mehr, als meines Berufs ist.

Ich

Ich habe dich durch alle Krümmungen des Labyrinths hindurch geführt, und zeige dir den Ausgang: hier endiget sich mein Beruf. Andere Wegweiser mögen dich weiter führen. Ob die Seelen der Gottlosen werden Frost oder Hitze, Hunger oder Durst zu leiden haben, ob sie in den Acherusischen Moraste sich herumwälzen, in dem düstern Tartarus, oder in den Flammen des Pyriphlegetons ihre Zeit hinbringen müssen, bis sie geläutert werden; ob die Seligen auf einer von lauter Gold und Edelgestein blitzenden Erde die reinste Himmelsluft einsaugen, und sich in dem Glanze der Morgenröthe sonnen, oder ob sie in den Armen einer ewigen Jugend ruhen und sich mit Nektar und Ambrosia füttern lassen: alles dieses, mein Freund! weiß ich nicht. Wissen es unsere Dichter und Fabellehrer besser: so mögen sie andere davon versichern. Es schadet vielleicht nicht, wenn gewisser Leute Einbildungskraft auf eine solche Weise beschäfftiget und angestrengt wird. Was mich betrifft, so begnüge ich mich mit der Ueberzeugung, daß ich ewig unter göttlicher Obhut stehen werde, daß seine heilige und gerechte Vorsehung in jenem Leben, so wie in diesem, über mich walte, und daß meine wahre Glückseligkeit in den Schönheiten und Vollkommenheiten meines Geistes bestehe: diese sind Mäßigkeit, Gerechtigkeit, Freyheit, Liebe, Wohlwollen, Erkenntniß Gottes, Beförderung seiner Absichten, und Ergebung in seinen heiligen Willen. Diese Seligkeiten erwarten

ten meiner in jener Zukunft, dahin ich eile, und ein
mehreres brauche ich nicht zu wissen, um mit getro-
stem Muthe den Weg anzutreten, der mich dahin führet. Ihr, Simmias, Cebes, und übrigen Freunde! ihr werdet mir folgen, ein jeder zu seiner Zeit.
Mir winkt jetzt schon das unbewegliche Schicksal, wie
etwa ein Trauerspieldichter sagen würde. Es ist Zeit,
daß ich ins Bad gehe; denn ich halte es für anstän-
diger, nach dem Bade erst den Gift zu mir zu nehmen, damit ich den Weibern die Mühe erspare, meinen Leichnam zu waschen.

Als Sokrates ausgeredet hatte, ergriff Kriton
das Wort und sprach: Es sey! Was hast du aber diesen Freunden oder mir zu hinterlassen, das deine Kinder oder häußlichen Angelegenheiten angehet? womit
können wir dir zu Gefallen leben? — Wenn ihr so
lebet, Kriton! sprach er, wie ich euch längst empfoh-
len habe. Ich habe nichts Neues hinzuzuthun.
Wenn ihr für euch selbst Achtung habet, so werdet
ihr mir, den Meinigen und euch selbst zu Gefallen
leben, und wenn ihr es auch nicht versprechet, vernachläßiget ihr aber euch selbst, und wollet der Spur nicht
folgen, die euch heute und in vorigen Zeiten vorgezeichnet worden: so wird es nichts helfen, wenn ihr auch
jetzt noch so viel zusaget. — Kriton versetzte: Wir
werden mit allen Kräften streben, dir zu gehorchen,
mein Sokrates! Wie sollen wir aber nach deinem

Tode

Tode mit dir verfahren? — Wie ihr wollet, antwortete Sokrates, wenn ihr mich anders habet, und ich euch nicht entwische? — Zu gleicher Zeit sahe er uns lächelnd an, und sprach: Ich kann den Kriton nicht bereden, meine Freunde! daß derjenige eigentlich Sokrates sey, der jetzt redet, und euch eine Zeitlang unterhalten hat; er glaubt immer noch, der Leichnam, den er bald wird zu sehen bekommen, und der vorjetzo nur meine Hülle ist, das sey Sokrates, und fragt, wie er mich begraben soll. Alle die Gründe, die ich bisher angeführet, zu beweisen, daß ich, so bald der Gift gewirkt haben wird, nicht mehr bey euch bleiben, sondern in die Wohnungen der Glückseligen versetzt werde, scheinen ihm eine bloße Erfindung, um euch und mich zu trösten. Seyd so gut, meine Freunde! und verbürget nun beym Kriton das Gegentheil dessen, was er bey den Richtern verbürgt hat. Er ist für mich gut gewesen, daß ich nicht entlaufen werde; ihr aber müsset ihm dafür stehen, daß ich mich, gleich nach meinem Tode, davon mache, damit er meinen Leichnam verbrennen, oder in die Erde senken sehe, und sich nicht so sehr betrübe, als wenn mir das größte Unglück wiederführe. Er spreche auch bey meinem Leichenbegängnisse nicht: man legt den Sokrates auf die Bahre, man trägt den Sokrates hinweg, man beerdiget den Sokrates. Denn wisse, fuhr er fort, mein wehrter Kriton! dergleichen Reden sind nicht nur der Wahrheit zuwider, sondern

dern auch eine Beleidigung für den abgeschiedenen Geist. Sey vielmehr getrostes Muths, und sprich, mein Leichnam werde beerdiget. Im übrigen magst du ihn beerdigen, wie es dir gefällt, und wie du glaubest, daß es die Gesetze mit sich bringen. Hierauf gieng er in ein benachbartes Gemach, um sich zu waschen. Kriton folgte ihm, und uns hieß er warten. Wir blieben, und unterhielten uns eines Theils mit dem, was wir gehöret hatten, wiederholten, überdachten, und erwogen einige Gründe, um uns davon gehörig zu überzeugen; andern Theils aber beschäftigte uns die trostlose Erwartung des großen Unglücks, das uns bevorstund. Denn es kam uns nicht anders vor, als wenn wir unsern Vater verlören, und von nun an als Waisen in der Welt leben müßten. Als er sich gewaschen hatte, brachte man ihm seine Kinder (er hat ihrer drey, zwey kleine, und ein erwachsenes): und seine Hausweiber traten zu ihm hinein. Er unterhielt sich mit ihnen in Gegenwart des Kriton, sagte ihnen, was er zu sagen hatte, ließ die Weiber und Kinder hierauf weggehen, und kam wieder zu uns heraus. Es war gegen Sonnenuntergang; denn er hatte sich etwas lange in dem Nebengemache verweilet. Er setzte sich nieder, sprach aber sehr wenig; denn bald darauf kam der Trabante der Eilfmänner, stellte sich neben ihn, und sprach: O Sokrates! ich werde an dir etwas ganz anders gewahr, als an andern Verurtheilten. Sie pflegen sich zu entrüsten,

O und

und mir zu fluchen, wenn ich ihnen auf Befehl der Obrigkeit ankündige, daß es Zeit sey, den Gift zu trinken; du aber scheinest mir allezeit, und vornehmlich jetzt, der gelassenste und sanftmüthigste Mann zu seyn, der jemals diesen Ort betreten. Ich weiß gewiß, du bist auch jetzo über mich nicht ungehalten, sondern über die, (du kennest sie!) die daran Schuld sind. Du merkest nun wohl, Sokrates! was für eine Botschaft ich dir zu bringen habe. Gehab dich wohl, und leide mit Geduld, was nicht zu ändern ist. Er sprach es, kehrte sich herum und weinte. Sokrates sahe sich nach ihm um, und sprach: Lebe du wohl, Freund! wir werden dir gehorchen. Zu uns aber sprach er: Was für ein rechtschaffner Mann! er hat mich oft besucht, auch sich zuweilen mit mir unterhalten. Es ist ein gar guter und ehrlicher Mensch: sehet, wie aufrichtig er jetzt um mich weinet! Allein, Kriton! wir müssen ihm in der That gehorchen: laß den Gift herbringen, wenn er fertig ist; wo nicht, so mag ihn dieser zu rechte machen.

Warum so eilig? mein Sokrates! versetzte Kriton: ich glaube, daß die Sonne noch auf den Bergen scheinet, und noch nicht untergegangen ist. Andere pflegen, nach der Ankündigung, noch lange zu warten, bevor sie den Gifttrank zu sich nehmen, und vorher sich gütlich zu thun, zu essen, zu trinken, auch wohl gar der Liebe zu pflegen. Wir können noch eine
gute

gute Weile verziehen. — Das mögen die thun, Kriton! antwortete Sokrates, welche jede Frist für Gewinn halten; ich aber habe meine Gründe, das Gegentheil zu thun. Ich glaube nichts zu gewinnen, wenn ich verzögere, und würde mir nur selbst lächerlich vorkommen, wenn ich mit dem Leben jetzt geizte und sorgte, da es nicht mehr mein ist. Thue mir immer meinen Willen, und halte mich nicht auf:

Hierauf winkte Kriton dem Knaben, der neben ihm stand. Der Knabe gieng heraus, verweilte einige Zeit mit Zubereitung des Gifts, und brachte hierauf den Mann herein, der den Giftbecher in der Hand hatte, um ihn dem Sokrates zu reichen. Sokrates sahe ihn kommen, und sprach: Guter Mann, gieb her! Aber was muß ich dabey thun? Du wirst es wissen. Nichts anders, antwortete dieser, als nach dem Trinken auf und nieder gehen, bis dir die Füße schwer werden; sodann legst du dich nieder: dieses ist alles. Und hiermit reichte er ihm den Becher. Sokrates nahm ihn, lieber Echekrates! mit solcher Gelassenheit, ohne Zittern, ohne Farbe oder Gesichtszüge im geringsten zu verändern, sahe den Menschen mit seinen weit offenen Augen an, und sprach: Was meynest du? darf man den Göttern davon einige Tropfen zum Dankopfer vergießen? Es ist gerade so viel als nöthig ist, versetzte dieser. So mag es bleiben, erwiederte Sokrates; aber ein Gebet kann ich doch an sie richten: Die ihr mich rufet, ihr Götter! verleihet mir eine glückliche Reise! Mit diesen Worten setzte er den Becher an, und leerte ihn ruhig und gelassen aus.

Bisher konnten sich viele von uns noch der Thränen enthalten; als wir ihn aber ansetzen, trinken, und ausleeren sahen, da war es nicht möglich. Mir selbst tröpfelten die Thränen nicht, sondern ergossen sich, wie in Strömen herunter, und ich mußte mir das Gesicht in den Mantel hüllen, um ungestört weinen zu können, nicht über ihn, sondern über mich selbst, daß ich das Unglück hatte, einen solchen Freund zu verlieren. Kriton, der sich noch vor mir der Thränen nicht enthalten konnte, stand auf und irrete im Gefängnisse umher; und Apollodorus, der die ganze Zeit mehrentheils geweinet, fieng damals an, überlaut zu heulen und zu jammern, daß einem jeden das Herz davon brach. Nur Sokrates blieb unbewegt, und rief uns zu: Was machet ihr? Kleinmüthigen! deswegen habe ich so eben die Weiber weggeschickt, damit sie hier nicht so klagen und winseln möchten; denn ich habe mir sagen lassen, man müsse suchen unter Seegnungen und guten Wünschen den Geist aufzugeben. Seyd ruhig, und zeiget euch als Männer! — Als wir dieses vernommen, schämeten wir uns, und hörten auf zu weinen. Er gieng auf und nieder, bis ihm die Füße schwer wurden, und legte sich sodann auf den

den Rücken, wie der Sklave ihm gerathen hatte. Bald darauf betastete ihn der Mann, welcher ihm den Gift gereicht, mit den Händen, und beobachtete seine Füße und seine Hüften. Er drückte ihm den Fuß, und fragte, ob er es fühlte? Nein, sprach er. Er drückte ihm den Schenkel, ließ aber wieder los, und gab uns zu verstehen, daß er kalt und steif sey. Er betastete ihn wieder, und sprach: So bald es ihm ans Herz kömmt, wird er verscheiden. Nun fieng ihm der Unterleib schon an kalt zu werden. Er deckte sich auf, denn man hatte ihn zugedeckt, und sagte zum Kriton (dieses waren seine letzten Worte): Freund! vergiß nicht, dem Gott der Genesung einen Hahn zu bringen, denn wir sind ihm einen schuldig. — Kriton antwortete: Es soll geschehen. Hast du sonst nichts mehr zu hinterlassen? Hierauf erfolgte keine Antwort. Einige Zeit hernach bekam er Zuckungen. Der Mann deckte ihn vollends auf, und seine Blicke blieben starr. Als Kriton es sahe, drückte er ihm Mund und Augen zu.

Dieses war das Ende unseres Freundes, o Echekrates! eines Mannes, der unter allen Menschen, die wir kannten, unstreitig der rechtschaffenste, weisesten, und gerechteste gewesen.

Anhang,
Einige Einwürfe betreffend, die dem Verfasser gemacht worden sind.

Verschiedene Freunde der Wahrheit haben die Gewogenheit gehabt, mir ihre Erinnerungen und Anmerkungen über obige Gespräche, theils in Privatbriefen und theils in öffentlichen Blättern, zu Gesichte kommen zu lassen. Nicht wenige derselben habe ich bey dieser zwoten Auflage mit Nutzen gebraucht. Ich habe hier und da verändert, an einigen Stellen mich deutlicher erklärt, und andere durch Noten erläutert. Dieses ist der einzige Dank, den diese würdige Männer von mir erwarten. Aber alles habe ich nicht aus dem Wege räumen können, was meinen Richtern anstößig geschienen. Zum Theil haben mich ihre Gründe nicht überzeugt, und zum Theil giengen ihre Anforderungen über meine Kräfte. Man erlaube, daß ich mich hier über einige Erinnerungen von dieser Art erkläre.

Ueberhaupt muß ich bekennen, daß die Kunstrichter in Ansehung meiner eher nachsichtsvoll, als strenge gewesen sind. Ich habe mich über keinen unbilligen Tadel zu beschweren, vielleicht eher über unbilliges Lob, davon mich die Selbsterkenntniß versichert, daß es übertrieben ist. Unmäßiges Lob pflegt mehr die Absicht zu haben, andere zu demüthigen, als den Gegenstand desselben anzuspornen. Ich habe
mir

mir niemals in den Sinn kommen lassen, Epoche in der Weltweisheit zu machen, oder durch ein eigenes System berühmt zu werden. Wo ich eine betretene Bahn vor mir sehe, da suche ich keine neue zu brechen. Haben meine Vorgänger die Bedeutung eines Worts festgesetzt, warum sollte ich davon abweichen? Haben sie eine Wahrheit ans Licht gebracht, warum sollte ich mich stellen, als wüßte ich es nicht? Der Vorwurf der Sektirerey schreckt mich nicht ab, von andern mit dankbarem Herzen anzunehmen, was ich bey ihnen brauchbares und nützliches finde. Ich gestehe es, der Sektirgeist hat dem Fortgange der Weltweisheit sehr geschadet, aber er kann, meines Erachtens, von Liebe zur Wahrheit ehe im Zaume gehalten werden, als die Neuerungssucht.

Jedoch ich soll, selbst in dem ersten Gespräche, allwo ich genauer beym Plato geblieben zu seyn vorgebe, Sätze aus Wolf und Baumgarten ohne Beweis vorausgesetzt haben, die nicht jeder Leser so schlechterdings annimmt. — Welches sind denn diese Sätze? Etwa, daß die Kräfte der Natur stets wirksam sind? Ich glaube, dieser Satz sey so alt, als die Weltweisheit selbst: Man hat von je her gewußt, daß ein wirksames Ding, wenn es nicht gehemmet wird, die ihm angemessene Wirkung hervorbringt, und wenn es Widerstand findet; so wirkt es in diesen Widerstand zurück. Es ist also niemals in Ruhe. Diese Begriffe leuchten der gesunden Vernunft so sehr ein, daß sie keines Beweises bedürfen, und die Weltweisen aller Zeiten haben sie gedacht, nur diese so, jene anders ausgedrückt.

Ist etwa dieser Satz Wolfisch: daß alles Veränderliche keinen Augenblick unverändert bleibe? — Nicht doch, die Schriften des Plato sind voll davon. Alle vergängliche Dinge, sagt dieser Weltweise im Theaetetus und an vielen andern Stellen, sind in beständigem Wechsel von Gestalten, und bleiben keinen Augenblick sich selbst ähnlich. Er schreibt ihnen daher kein wirkliches Daseyn; sondern ein Entstehen zu *). Sie sind nicht vorhanden, spricht er, sondern entstehen durch die Bewegung und Veränderung, und vergehen. Dieses ist ein Hauptgrundsatz der platonischen Lehre, und hierauf gründet sich seine Theorie von dem wahren Daseyn der allgemeinen unveränderlichen Begriffe, sein Unterschied zwischen Wissenschaft und Meynung, seine Lehre von Gott, und von der Glückseligkeit, seine ganze Philosophie.

Alle Schulen der Alten sind beschäftiget gewesen, diesen Satz zu bestätigen, oder zu widerlegen. Man weiß das Gleichniß von einem Baume, der seinen Schatten auf ein vorbeyfließendes Wasser wirft. Der Schatten scheinet immer derselbe zu seyn, obgleich der Grund, auf welchem er gezeichnet ist, sich beständig fortbewegt. So, sagten die Anhänger des Plato, scheinen uns die Dinge Beständigkeit zu haben, ob sie gleich in stetem Wechsel sind. Daß diese Leh-

---

*) *Plotinus* sagt: Iam vero neque corpus omnino erit vllum, nisi animae vis extiterit.

Nam *fluit semper et in motu ipsa corporis natura versatur*, citoque periturum est vniuersum, Si quaecunque sunt sint corpora.

Anhang.

Lehren auch im Wolf und Baumgarten vorkommen, ist kein Wunder, da sie seit den Zeiten des Heraclitus und Pythagoras von jedem Weltweisen haben untersucht werden müssen. Ich würde durchaus antik geblieben seyn, wenn ich keine neueren Sätze hätte brauchen dürfen, als diese.

Ich soll aber meine ganze Demonstration auf den Satz gegründet haben, daß empfinden, denken und wollen die einzigen Wirkungen der Seele sind, und dieser Satz soll ausser der Schule, der ich anhänge, nicht angenommen werden. Ja, setzt ein Kunstrichter hinzu, wenn er auch von der Seele, als Seele, zugegeben wird; so kann er doch nicht von der Seele als Substanz gelten. Als Substanz muß sie auch noch eine bewegende und widerstehende Kraft haben, die mit der denkenden gar nichts gemein hat. Durch diese Unterscheidung soll einer von meinen Hauptbeweisen über den Hauffen fallen, denn die Seele kann nach dem Tode als Substanz würksam bleiben, ohne als Seele zu empfinden, zu denken und zu wollen.

Wir wollen sehen! Mein Beweis, sagt man, gründe sich auf einen Satz, der nicht wahr ist, und ich? ich glaube, der Satz sey wahr, aber mein Beweis gründe sich nicht darauf. Ob eine Substanz nur eine Grundkraft, oder mehrere haben könne, ob denken und wollen aus einer, oder mehrern Grundthätigkeiten fliessen, ob die Seele den Leib bewege, oder nicht bewege; diese und mehrere dahin einschlagende Untersuchungen kann ich als unausgemacht dahin gestellt seyn lassen. Für mich habe ich zwar Parthey genommen; allein die Beweise für die Unsterblichkeit der Seele sollen mit so wenig andern Streitfragen, als möglich, verwickelt bleiben. Das Vermögen zu denken und zu wollen nenne ich Seele, und mein ganzer Beweis gründet sich auf folgendes Dilemma: Denken und wollen sind entweder Eigenschaften des Zusammengesetzten, oder des Einfachen. Jenes wird im zweyten Gespräche untersucht. In dem ersten betrachte ich sie als Eigenschaften des einfachen Wesens. Die Eigenschaften des einfachen Wesens sind entweder Grundthätigkeiten, oder Modifikationen anderer Thätigkeiten. Man gestehet ein, daß denken und wollen nicht bloße Modifikationen anderer Kräfte; sondern ursprüngliche Thätigkeiten seyn müssen. Eine, oder mehrere, das thut nichts; die einfachen Wesen mögen auch ausser dem Denken und Wollen noch andere Kräfte haben, bewegende, widerstehende, stoßende oder anziehende, so viel man nur will, und Namen erdenken kann. Genug, daß denken und wollen nicht bloße Abänderungen dieser ungenannten Kräfte; sondern von ihnen unterschiedene Grundthätigkeiten sind. Nun können alle natürliche Kräfte nur Bestimmungen abändern, nur Modifikationen mit einander abwechselnd machen, niemals aber Grundeigenschaften und für sich bestehende Thätigkeiten der Dinge in Nichts verwandeln; daher kann die Kraft zu denken und zu wollen, oder können die Kräfte zu denken und zu wollen, niemals durch natürliche Veränderungen vernichtet werden, wenn sie auch noch so viel von ihnen verschiedene Kräfte zurücklassen. Eine wunderthätige Allmacht gehört dazu, ein solches Vermögen hervorzubringen, oder zu zernichten.

Daß

Daß durch alle Kräfte der Natur nichts wahrhaftig zernichtet werden könne, ist, so viel ich weiß, von keinem Weltweisen noch in Zweifel gezogen worden. Eine natürliche Handlung, hat man von jeher gesagt, muß Anfang, Mittel und Ende haben, das heißt, es muß ein Theil der Zeit verstreichen, bevor sie vollendet wird. Dieser Theil der Zeit mag so klein seyn, als man will, er verläugnet doch niemals die Natur der Zeit, und hat aufeinanderfolgende Augenblicke. Sollen die Kräfte der Natur eine Wirkung hervorbringen; so müssen sie sich dieser Wirkung almälig nähern, und sie vorbereiten, bevor sie erfolget. Eine Wirkung aber, die nicht vorbereitet werden kann, die in einem Nu erfolgen muß, hört auf natürlich zu seyn, kann nicht von Kräften hervorgebracht werden, die alles in der Zeit thun müssen. Alle diese Sätze sind den Alten nicht unbekannt gewesen, und sie schienen mir in dem Raisonnement des Plato *) von den entgegengesetzten Zuständen und den Uebergängen von einem auf den andern, nicht undeutlich zu liegen. Darum suchte ich sie meinen Lesern nach Platons Weise, aber mit der unsern Zeiten angemessenen Deutlichkeit vorzutragen. Sie leuchten zwar der gesunden Vernunft ziemlich ein; allein durch die Lehre von der Stetigkeit erlangen sie meines Erachtens einen hohen Grad der Gewißheit. Ich ergriff auch nicht ungern die Gelegenheit, meine Leser mit dieser wichtigen Lehre bekannt zu machen, weil sie uns auf richtige Begriffe von den Veränderungen des Leibes und der Seele führet, ohne welche man Tod und Leben, Sterblichkeit und Un-

sterb-

*) Im Phädon.

sterblichkeit nicht aus dem rechten Gesichtspunkte betrachten kann.

Wie aber? fragt man, kann wohl irgend eine Veränderung ohne alle Zernichtung vorgehen? Muß nicht die Bestimmung einer Sache zernichtet werden, wenn die entgegengesetzte Bestimmung an ihr wirklich werden soll? Und wie ist dieses möglich, wenn die Kräfte der Natur nichts zernichten können? — Ich glaube, man misbraucht hier das Wort zernichten. Wenn ein harter Körper weich, oder ein trockener feuchte wird; so wird nicht die Härte oder Trockenheit zernichtet, und die Weichheit oder Feuchtheit dafür hervorgebracht. Ohne die geringste Zernichtung kann das Lange kurz, das Kurze lang, das Kalte warm, und das Warme kalt, das Schöne häßlich und das Häßliche schön werden. Alle diese Modifikationen sind durch allmälige Uebergänge mit einander verbunden, und wir sehen gar deutlich, daß sie ohne die geringste Zernichtung oder Hervorbringung mit einander abwechseln können. Ueberhaupt sind die entgegengesetzten Bestimmungen, die durch natürliche Veränderungen an einer Sache möglich sind, alle von der Art, daß zwischen beiden äussersten auch ein Mittel statt findet. Im Grunde sind sie nur durch das Mehr und Weniger von einander unterschieden. Verändert gewisse Theile in ihrer Lage, bringet diese näher zusammen, jene weiter von einander; so wird das Schöne häßlich, das Lange kurz, u. s. w. Verdunkelt diese Begriffe, und heitert jene auf, schwächet diese Begierden, stärket jene Neigungen, so habet ihr die Einsichten und den Charakter eines Menschen verändert. Alles dieses kann durch einen allmäligen Uebergang, ohne

ohne die geringſte Zernichtung geſchehen, und ſolche Veränderungen ſind der Natur allerdings möglich. Aber zwo entgegengeſetzte Beſtimmungen, zwiſchen welchen es kein Mittel giebt, können niemals natürlicher Weiſe auf einander folgen, und ich kenne kein Geſetz der Bewegung, das dieſem Satz zuwider ſeyn ſollte. Hierüber verdienet der Pater Boſcovich *) nachgeleſen zu werden, welcher das Geſetz der Stetigkeit in ein vortrefliches Licht geſetzt hat.

Allein wozu alle dieſe ſtachelichten Unterſuchungen in einem ſokratiſchen Geſpräche? Sind ſie nicht für die einfältige Manier des athenienſiſchen Weltweiſen viel zu ſpitzfündig?

Ich antworte: man ſcheinet zu vergeſſen, daß ich dem Plato, und nicht dem Xenophon nachahme. Dieſer letztere vermied alle Spitzfündigkeiten der Dialektik, und lies ſeinen Lehrer und Freund dem geſunden ungekünſtelten Menſchenverſtande folgen. In ſittlichen Materien iſt dieſe Methode unverbeſſerlich; allein in metaphyſiſchen Unterſuchungen führet ſie nicht weit genug. Plato, der der Metaphyſik hold war, machte ſeinen Lehrer zum pythagoriſchen Weltweiſen, und lies ihn in den dunkelſten Geheimniſſen dieſer Schule eingeweihet ſeyn. Wenn Xenophon auf ein Labyrinth ſtößt; ſo läßt er den Weiſen lieber ſchüchtern ausweichen, als ſich in Gefahr begeben. Plato hingegen führet ihn durch alle Krümmungen und Irrgänge der Dialektik, und läßt ihn in Unterſuchungen ſich

---

*) In ſeiner Abhand. de lege continui, und in ſeinen Princ. phil. nat.

sich vertiefen, die weit über die Sphäre des gemeinen Menschenverstandes sind. Es kann seyn, daß Xenophon dem Sinne des Weltweisen, der die Philosophie von dem Himmel heruuter geholt, treuer geblieben ist. Ich mußte nichtsdestoweniger der Methode des Plato folgen, weil diese Materie, meines Erachtens, keine andere Behandlung leidet, und ich lieber subtil seyn, als von der Strenge des Beweises etwas vergeben wollte. Die Sophisterey hat sich in unsern Tagen unter gar verschiedenen Gestalten gezeigt. Bald mit Spitzfündigkeiten gewafnet, bald unter der Larve der gesunden Vernunft, bald als Freundinn der Religion, jetzt mit der Dreistigkeit eines vielwissenden Thrasymachus, dann wieder mit der unschuldigen Laune eines nichtswissenden Sokrates. Mit allen diesen Proteuskünsten hat sie gesucht, die Lehre von der Unsterblichkeit der Seele ungewiß zu machen, und die Gründe jetzt zu verspotten, jetzt im Ernste zu widerlegen. Wie sollen die Freunde dieser Wahrheit sie vertheidigen? Durch sokratische Unwissenheit kann man den Dogmatiker rasend machen, aber nichts festsetzen. Durch Gegenspott wird niemand überzeugt. Ihnen bleibt also kein anderer Weg, als die Gaukeleyen der Zweifelsüchtigen für das zu halten, was sie sind, und nach Vermögen zu beweisen.

Den Beweis, daß die Materie nicht denken könne, im zweiten Gespräche, haben folgende Betrachtungen veranlasset. Cartesius hat gezeigt, daß Ausdehnung und Vorstellung von ganz verschiedener Natur sind, und daß die Eigenschaften des denkenden Wesens sich nicht durch Ausdehnung und Bewegung erklären lassen. Ihm war dieses Beweises genug, daß sie

sie nicht eben derselben Substanz zugeschrieben werden können, denn nach einem bekannten Grundsatze dieses Weltweisen kann eine Eigenschaft, die sich nicht durch die Idee einer Sache deutlich begreifen läßt, dieser Sache nicht zukommen. Allein dieser Grundsatz selbst hat vielfältigen Widerspruch gefunden, und was die Eigenschaften des ausgedehnten und denkenden Wesens betrifft; so hat man den Beweis gefordert, daß sie nicht nur von disparater Natur sind, sondern sich einander widersprechen. Von Eigenschaften, die sich einander schnurstraks widersprechen, sind wir versichert, daß sie nicht eben dem Subjekte zukommen können; allein von Eigenschaften, die nichts mit einander gemein haben, schien dieses so ausgemacht noch nicht.

Als ich die Immaterialität zu erweisen hatte, stieß ich auf diese Schwierigkeit, und ob ich gleich der Meynung bin, daß der Grundsatz des Cartesius, dessen ich vorhin erwähnt, gar wohl ausser Zweifel gesetzt werden könnte; so sahe ich mich dennoch nach einer Beweisart um, die mit weniger Schwierigkeit nach der sokratischen Methode abgehandelt werden könnte. Ein Beweis des Plotinus, den einige Neuere weiter ausgeführt haben, schien mir diese Bequemlichkeit zu versprechen.

„Einer jeden Seele, schließt Plotinus *), woh„net ein Leben (ein inneres Bewußtseyn) bey. Wenn „nun die Seele ein körperliches Wesen seyn sollte; so „müßten die Theile, aus welchen dieses körperliche „Wesen bestehet, entweder ein jeder, oder nur eini„„ge

*) Ennead. 14, L. VII.

„ge, oder gar keine derselben ein Leben (inneres
„Bewußtseyn) haben. Hat nur ein einziger Theil
„Leben; so ist dieser Theil die Seele. Mehrere sind
„überflüßig. Soll aber jeder Theil insbesondere des
„Lebens beraubt seyn; so kann solches auch durch die
„Zusammensetzung nicht erhalten werden; denn viele
„leblose Dinge machen zusammen kein Leben aus,
„viele verstandlose Dinge keinen Verstand.„

In der Folge wiederholet Plotinus denselben
Schluß, mit einiger Veränderung: „Ist die Seele
„körperlich, wie stehet es um die Theile dieses den-
„kenden Körpers? Sind sie auch Seelen? Und die
„Theile dieser Theile? Gehet dieses anders immer
„so fort; so siehet man ja, daß die Größe zum We-
„sen der Seele nichts beyträgt, welches doch gesche-
„hen müßte, wenn die Seele eine körperliche Grös-
„se hätte. In unserm Fall würde jedem Theile die
„Seele ganz beywohnen, da bey einer körperlichen
„Größe kein Theil dem Ganzen an Vermögen gleich
„seyn kann. Sind aber die Theile keine Seelen; so
„wird auch aus Theilen, die keine Seele sind, kei-
„ne Seele zusammengesetzt werden können.” — Diese Gründe haben allen Schein der Wahrheit; allein zur
völligen Ueberzeugung fehlt ihnen noch vieles. Plotinus setzet als unzweifelhaft voraus, daß aus unle-
benden Theilen kein lebendes Ganze, aus undenkenden
Theilen kein denkendes Ganze zusammengesetzt werden
könne. Warum aber kann aus unregelmäßigen Theil-
len ein regelmäßiges Ganze, aus harmonielosen Tö-
nen ein harmonisches Concert, aus unmächtigen Glie-
bern ein mächtiger Staat zusammengesetzt werden?

Ich

Ich wußte auch, daß nach dem System jener Schule, der ich zu sehr anhängen soll, die Bewegung aus solchen Kräften, die nicht Bewegung sind, und die Ausdehnung aus Eigenschaften der Substanzen, die etwas ganz anders, als Ausdehnung sind, entspringen sollen. Diese Schule also kann den Satz des Plotinus gewiß nicht in allen Fällen gelten lassen, und gleichwol scheinet derselbe in Absicht auf das denkende Wesen seine völlige Richtigkeit zu haben. Ein denkendes Ganze aus undenkenden Theilen dünkt einem jeden der gesunden Vernunft zu widersprechen.

Um von diesem Satze also überzeugt zu seyn, war noch zu untersuchen, welche Eigenschaften dem Ganzen zukommen können, ohne daß sie den Bestandtheilen zukommen, und welche nicht. Zuerst fiel in die Augen, daß solche Eigenschaften, welche von der Zusammensetzung und Anordnung der Theile herrühren, den Bestandtheilen nicht nothwendig zukommen. Von dieser Art ist Figur, Größe, Ordnung, Harmonie, die elastische Kraft, die Kraft des Schießpulvers u. d. g. — Sodann fand sich auch, daß öfters Eigenschaften der Bestandtheile Eigenschaften im Ganzen hervorbringen, die, unserer Vorstellung nach, von ihnen völlig unterschieden sind. Die zusammengesetzten Farben scheinen uns den einfachen unähnlich zu seyn. Wir fühlen die zusammengesetzten Gemüthsbewegungen ganz anders, als die einfachen, aus welchen sie bestehen. Wohlriechende Theile, die gehäuft werden, erzeugen einen ganz verschieden scheinenden, zuweilen sehr unangenehmen Geruch, so wie im Gegentheil durch Vermischung übelriechender Gummen ein angenehmer Geruch erhalten werden kan (s. Halleri Physiol. T. V. p. 169. 170.).

P   Der

Der Dreyklang in der Tonkunst, wenn er zugleich angestimmt wird, thut eine ganz andere Wirkung, als die einzelnen Töne, aus welchen er bestehet.

Die Eigenschaften des Zusammengesetzten also, die den Bestandtheilen nicht nothwendig zukommen, fliessen entweder aus der Anordnung und Zusammensetzung dieser Theile selbst, oder sind bloße Erscheinungen, nehmlich die Eigenschaften und Wirkungen der Bestandtheile, die unsere Sinne nicht aus einander setzen und unterscheiden können, stellen sich uns im Ganzen anders vor, als sie wirklich sind. Nunmehr machte ich die Anwenung von dieser Betrachtung auf den Satz des **Plotinus**.

Das Vermögen zu denken kann keine Eigenschaft von dieser Art seyn; denn alle diese Eigenschaften sind offenbar Wirkungen des Denkungsvermögens, oder setzen dasselbe zum voraus. Die Zusammensetzung und Anordnung der Theile erfordert ein Vergleichen und Gegeneinanderhalten dieser Theile, und die Erscheinungen sind nicht so wohl in den Sachen ausser uns, als in unserer Vorstellung anzutreffen. Beide Arten sind also Wirkungen der Seele, und können das Wesen derselben nicht ausmachen. Daher kann aus undenkenden Theilen kein denkendes Ganze zusammengesetzt werden.

Auch der andere Theil des Beweises erforderte eine weitere Ausführung. Es hat Weltweise gegeben, die den Atomen der Körper dunkele Begriffe zugeschrieben, woraus denn, ihrer Meynung nach, im Ganzen klare und deutliche Begriffe entspringen. Hier war

war zu beweisen, daß dieses unmöglich sey, und daß wenigstens einer von diesen Atomen so deutliche, so wahre, so lebendige u. s. w. Begriffe haben müßte, als der ganze Mensch. Ich bediente mir zu diesem Behufe den Satz, den Hr. Plouquet so schön ausgeführt, daß viele geringere Grade zusammen keinen stärkern Grad ausmachen. Woraus ganz natürlich folget, daß alle dunkele Begriffe der Atomen zusammen keinen deutlichen, ja nicht einmal einen weniger dunkeln Begriff hervorbringen können.

Die mehresten Gründe meines dritten Gesprächs sind aus Baumgartens Metaphysik und Reimarus vornehmsten Wahrheiten der natürlichen Religion entlehnt. Von dem Beweise aus der Harmonie unserer Pflichten und Rechte habe ich bereits in dem Vorberichte erinnert, daß ich ihn noch nirgend gefunden habe. Ich setze dabey zum voraus, daß die Todesstrafen in gewissen Fällen Rechtens sind. Nun scheinet aber der Marquis Beccaria in seiner Abhandlung von den Verbrechen und Strafen diesen Satz in Zweifel zu ziehen. Da dieser Weltweise der Meynung ist, daß sich das Recht zu strafen einzig und allein auf den gesellschaftlichen Vertrag gründe, woraus denn die Unrechtmäßigkeit der Todesstrafen freylich folget; so habe ich die Meynung selbst, in dieser zwoten Auflage, in einer Anmerkung zu widerlegen gesucht. Der Marquis selbst kann sich nicht entbrechen, die Todesstrafe in einigen Fällen für unvermeidlich zu halten. Er will zwar eine Art von Nothrecht daraus machen; allein das Nothrecht muß sich auf eine natürliche Befugniß gründen, sonst ist es bloße Gewaltthätigkeit. Ueberhaupt ist wohl der Satz nicht in Zweifel zu ziehen, daß alle Verträge in der Welt kein neues Recht erzeugen; sondern unvollkommene Rechte in vollkommene verwandeln. Wenn also die Befugniß zu strafen nicht in dem Rechte der Natur gegründet wäre; so könnte solches durch keinen Vertrag hervorgebracht werden. Gesetzt aber, das Recht zu strafen sey, ohne Vertrag, ein unvollkommenes Recht, wiewohl ich dieses für ungereimt halte; so verlieret mein Beweis dennoch nichts von seiner Bindigkeit, denn vor dem Richterstuhle des Gewissens sind die unvollkommenen Rechte eben so kräftig, die unvollkommenen Pflichten eben so verbindlich, als die vollkommenen. Ein unvollkommenes Recht, jemanden am Leben zu strafen, setzet wenigstens eine unvollkommene Obliegenheit voraus, diese Strafe zu leiden. Diese Obliegenheit wäre aber ungereimt, wenn unsere Seele nicht unsterblich wäre, wie an seinem Orte weitläufiger ausgeführt worden.

www.ingramcontent.com/pod-product-compliance
Lightning Source LLC
Chambersburg PA
CBHW031752230426
43669CB00007B/588